米ロ対立100年

佐藤優 監修

宝島社

米ロ関係史の意義について説明する前に、2つの時間概念について説明することをお許し願いたい。哲学的に時間は流れる時間（英語ではタイム time、ギリシア語ではクロノス chronos）と、ある出来事の前と後では時代の意味が変化する時間（英語のタイミング timing、ギリシア語ではカイロス kairos）がある。日本の場合、昭和天皇が軍隊の無条件降伏を定めてポツダム宣言を受諾したと国民にラジオで告げた1945年8月15日がカイロスだ。

2022年2月24日のロシアによるウクライナ侵攻もカイロスなのである。この日を境に別の歴史的現実に私たちは直面している。しかし、そのリアリティーが日本人には今ひとつピンとこない。それは日本人がキリスト教に疎《うと》いからと私は考えている。

キリスト教ではすべての人間は罪から免れていないと考える。罪が形をとると悪になる。そして悪が人格化すると悪魔になる。米国のバイデン大統領やヨーロッパの国家指導者からするとまさにロシアのプーチン大統領は悪魔なのである。逆にプーチン氏から見てもバイデン氏やウクライナのゼレンスキー大統領は悪魔だ。互いに悪魔と妥協することはできないと考えている。だからこの戦争はなかなか終わらないのだ。

ソ連時代を含むロシアと米国の関係を、宗教を補助線として読み解いていこうというのが本書の試みだ。もちろんそこには地政学や外交史の要因も盛り込まれている。

ここで読者からいくつもの質問が出てくると思う。

「共産主義時代のソ連は、科学的無神論を国是とした無宗教国家だったではないか。米ソ関係を宗教を切り口に論じるのは乱暴と思う」

「ロシアでは正教会の力が強いということだが、国民がほんとうに信心深いかどうかはわからない。アメリカでは確かに宗教右派の力が強いが、信仰としては形骸化しているのではないか。ヨーロッパはアメリカよりももっと世俗化が進んでいて、キリスト教は政治的影響力を失っているのではないか」

いずれの質問ももっともで、現象的には質問者の指摘通りだ。しかし、現実の国際政治の原動力を見抜く上で必要になるのは、「目に見えないが確実に存在する事柄」だ。例えば、多くの日本人は大晦日にＮＨＫの『紅白歌合戦』と『ゆく年くる年』をテレビで見る。あれも世俗化された宗教行事だ。『紅白歌合戦』によって、人為的に混沌とした状況（カオス）を作り出す。それが午後11時45分に除夜の鐘が鳴る『ゆく年くる年』に切り替わる。ここで秩序（コスモス）が作られるのだ。そして日本人は、新年を迎え新しい気持ちになる。欧米やロシアで数年暮らした読者ならば皮膚感覚でわかると思うが、大晦日から元日に切り替わっても新しい気持ちにはならない。こういう神道の自然宗教的メンタリティーに日本人は無意識のうちに支配されているのである。

　現在のカトリック教会とプロテスタント教会の前身である西方教会とロシア正教会、ウクライナ正教会などの前身である東方教会が大分裂（シスマ）したのは１０５４年のことだった。このとき教義的な争点になったのが「フィリオクエ filioque」問題だ。フィリオクエとはラテン語で「子からも」という意味だ。キリスト教の神は、父・子・聖霊からなる三位一体の神だ。東方教会では聖霊は父から出ると考える。他方、西方教会は父及び子から出ると考える。一見些細なことのように思えるが、これは組織論的に重要な差異になる。

　キリスト教は、聖霊の力によって人間が救われると考える。フィリオクエの立場を取ると、人間は教会に所属しないと救われないということになる。少し面倒な論理だが、ロシア人と欧米人の思考の鋳型の違いがよくわかる事例なのでお付き合い願いたい。神は目に見えない。だから、人間は、真の神で真の人であるイエス・キリストを通して神から出る聖霊を知ることになる。聖霊は究極的には父なる神から出るが、現実的には子であるキリストから出てくるのだ。紀元30年頃、イエスは「私はすぐに来る」と言って天に昇ってしまった。あれから約２０００年が経《た》ったが、まだキリストは再臨してこない。これを神学では「終末遅延」という。遅延しているが、かならずキリストはやってくると信じることがキリスト教徒には求められているのだ。その間、人間はどこで聖霊に触れることができるのか。それはイエス・キリストが設置した教会においてだ。すべての人はキリスト教徒になって教会に所属しないと救われないということになる。だから現在もカトリック教会やプロテスタント教会は、教会のメンバーになることを重視する。

他方、正教会は、聖霊は神から恣意的に誰に対しても降りてくる可能性があると考える。仏教徒や無神論者に降りてくることも十分ある。正教会の場合、組織をあまり重視せず、1人ひとりの神秘的体験を重視する。カトリック教会やプロテスタント教会では、「神が人になった」という上から下への運動で人間は救われると考える。他方、正教会においては「神が人間になったのは、人間が神になるためだ」と考える。人間が神になることができるのだから、人間の力によって、理想的な社会を作り上げることも十分に可能であるということになる。

察しのいい読者は気付かれたことと思うが、ロシアの共産主義者の思考様式は人間が神になり、地上に天国を建設することができるという了解に基づいている。共産主義者は神や宗教を否定しながら、この正教的世界観を実現しようとしたのである。ロシアにマルクス主義を導入した1人であり、後にマルクス主義を捨てて宗教哲学者になったニコライ・ベルジャーエフ（レーニンによってソ連から追放され、パリで生涯を送ることになった）は、『ロシア共産主義の歴史と意味』という作品で、ロシアの共産主義は、裏返された正教であると述べているが、とても説得力のある分析だ。ちなみにプーチン氏もときどきベルジャーエフに言及する。米国が主導するグローバリゼーションと新自由主義、さらにLGBTQ+などの性的多様性を認める思想は悪魔に由来するとプーチン氏は本気で思っている。それを打倒して多極化世界を担保する中核国家にロシアを変容させることがロシアと人類の生き残りのために不可欠であると思い込んでいるのだ。しかも、このようなプーチン氏のイデオロギーにロシア・エリートのほとんどが賛同している。

欧米においても確かに宗教なしに人間が生きていくという世俗化が進んでいるが、その背後には西方教会の価値観がある。それは「コルプス・クリスチアヌム corpus christianum（キリストの身体）」と呼ばれる共同体意識だ。これは、ユダヤ教とキリスト教の一神教の伝統（ヘブライズム）、ギリシア古典哲学の伝統（ヘレニズム）、ローマ法の伝統（ラティニズム）が総合されて1つの文化になったものだ。この価値観が世俗化したのである。この価値観と異なる価値観に対して、欧米人はざらざらしたものを感じる。このざらざら感をロシアとの関係で常に感じている。

欧米は西ローマ帝国の後裔である。対して、ロシアはビザンツ（東ローマ）帝国を継承している。ビザンツ帝国にコルプス・クリスチアヌムという総合的文化は存在しない。ビザンツ帝国ではローマ法的な価値観が定着しなかったからだ。近代の民法、国際法、人権法などはローマ法から発展したものだ。ロシア人の法律観は、欧米人とは大きく異なる。また世俗化の過程も欧米と比べてロシアのほうがソ連時代を含めて遥かに遅い。世俗化とともに一神教の伝統もギリシア古典哲学の伝統も衰退する。結果として欧米諸国とロシアの間では、ローマ法を継承した近代の法的価値観をめぐる対立が先鋭化してしまったのだ。

日本の場合、江戸末期に開国した時点ではコルプス・クリスチアヌム的な世界観をまったく持っていなかった。明治維新以降、日本は近代化の過程で法的整備を優先した。だから ローマ法的なラティニズムの価値観を日本人は体得することになった。他方、一神教的価値観については、国立大学に神学部が設けられていないことで端的に示されているように、真面目に学ぼうとすらしなかった。ヘレニズムの価値観についても、国公立大学にも私立大学にも哲学部が設けられず、文学部の傘下に哲学科が置かれていることが象徴的だ。今も高等教育で哲学はあまり重視されていない。世俗化した世界では、法律的言語で欧米諸国との政治やビジネスは一応処理できるが、深い相互理解に至ることは難しい。特にロシアのような法律的言語に大きな価値を置いていない国家との相互理解が難しくなる。私の場合、基礎教育が神学だったため、一神教についてもギリシア古典哲学についても、ロシアの知識人、政治家、官僚と意思疎通できるレベルの知識は持っていた。このことがロシアで人脈をつくる上でとても役に立った。

現下のロシア・ウクライナ戦争についても決定的に重要な要因は宗教だ。しかもそれが世俗化されていて、当事者もよく認識していないので厄介だ。大きく分けて3つのプレイヤーがいる。第一は、ロシア正教会だ。ロシア正教会はウクライナのゼレンスキー政権は欧米諸国の傀儡《かいらい》政権であり、武力によって正教に基づいたロシア的価値観を破壊する危険な勢力で、中立化しなくてはならないと確信している。第二は、ウクライナ西部のガリツィア地方に拠点を持つ東方典礼カトリック教会（いわゆるユニエイト［帰一］教会）だ。この教会は見た目は正教会によく似ている。イコン（聖画像）を崇敬し、ミサも正教会の聖体礼儀(礼拝)とよく似ている。カトリック教会が独身制であるのに対して、ユニエイト教会の下級司祭は妻帯することができる。下級司祭の妻帯はロシア正教会でも認められている。ただし、ユニエイト教会は、教会制度的にはローマ教皇の首位権を、教義的にはフィリオクエを認めるカトリック教会なのである。このユニエイト教会が、ウクライナ・ナショナリズムの母体になっている。第三がウクライナの正教徒だ。この国の正教会は、モスクワ総主教庁派、コンスタンチノポリス派、独立派などさまざまなグループに分かれているが、それは本質的な問題ではない。この人々の価値観とアイデンティティーはウクライナとロシアの間で流動的だ。今後の戦局の推移によって、この人々のアイデンティティーがロシアに振れるか、ウクライナに振れるかで、状況が本質的に異なってくる。

ロシア・ウクライナ戦争によって、核兵器があれば大規模戦争を阻止できるという抑止力神話が崩壊してしまった。このような状況で日本国家と日本人が生き残っていくためには、これまでの外交実務や国際関係論で無視されていた、国家と民族を根底で成り立たせる基盤(太平洋戦争前と戦中で用いられた言葉をあえて用いるならば國體)まで踏み込んで分析することが死活的に重要になる。そこで鍵になるのが、「目に見えないが確実に存在する事柄」を察知する能力だ。本書がこの能力をつける上での最良の伴侶になると私は信じている。

2024年5月1日、曙橋(東京都新宿区)の自宅にて

――佐藤優

米口対立100年史

Contents

1章 第一次世界大戦とロシア革命
――無神論国家の誕生

2章 第二次世界大戦
——「敵の敵は味方」協調の時代

3章 冷戦下の熱い戦い

――社会主義(計画経済)vs資本主義(自由主義経済)

4章 冷戦終結へ

——無神論の敗北

5章 新・帝国主義の台頭

――パックス・アメリカーナの終焉

1章

第一次世界大戦とロシア革命

——無神論国家の誕生

米ロ

19世紀にトクヴィルが予言した2大国の対決

アメリカとロシア、現在まで続く2大国の対立は、1917年に世界で最初の社会主義国家であるソヴィエト社会主義共和国連邦（ソ連）の前身、ソヴィエト・ロシアが成立したことに始まる。ここに至る前史として、まず両国の歴史と文化の背景をおおまかに述べよう。

「20世紀はアメリカとロシア、2つの超大国の時代になる」——1830年代、フランスの政治思想家アレクシ・ド・トクヴィルは『アメリカのデモクラシー』で、こう予見した。アメリカは開拓移民によって18世紀に成立した国家で（1776年、独立宣言）、最初から君主のいない共和政を採っている。これに対し、ロシアは15世紀に滅亡した東ローマ帝国（ビザンツ帝国）の継承者を自認し、一貫して専制主義の帝国だった。つまり両国とも、13〜14世紀の貴族を中心とした身分制議会から段階的に議会政治が発達してきたイギリスやフランスとは異質な国家なのだ。

米ロ両国ともにキリスト教が国民の一体感を支えているが、その内実は異なる。

初期のアメリカ開拓は、プロテスタントの一派であるピューリタン（清教徒）によって進められた。中世のカトリック教会は金儲《もう》けを卑しい行為と見なしたが、プロテスタントは「各人が勤労や貯蓄に励むことこそが神の意志にかなう」（職業召命観）と説いて、教会への従属よりも神と信徒個人の直接の関係を重視し、商工業者に支持された。このため、ドイツの社会学者マックス・ウェーバーは、『プロテスタンティズムの倫理と資本主義の精神』で、プロテスタントの職業に対する考え方が欧米の産業発展をもたらしたと述べている。現在もアメリカの政界に強い影響力をもつ福音派（聖書の価値観を重視し、同性婚や妊娠中絶に反対する原理主義的な勢力）は、プロテスタントの流れをくむ。

19世紀の開拓時代には、キリスト教徒が異教徒の先住民を征服してアメリカ大陸を支配することは、神が予定した「明白な天命（マニフェスト・デスティニー）」であるという主張が唱えられた。この考え方は、19世紀末に北アメリカ大陸の西部を開拓し終えて以降も、アメリカ政府が海外へ勢力圏を広げていく論拠とされた。

一方のロシアでは、11世紀にカトリックと分裂した東方正教が信仰され、信徒間の相互扶助や、同じ東方正教を信仰するセルビア、ブルガリア、ルーマニアといった中東欧諸国との連帯感の土台になった。近代以降もロシアは学校教育の普及が遅れたため、聖職者は地域共同体での数少ない知識層として、民衆の価値観に大きな影響を与えることになる。

また、フランスの歴史人口学者エマニュエル・トッドは、『世界の多様性』ほかの著作で、こう書いた。アメリカ白人の主流を占めるアングロ＝サクソン（イギリス系）民族は、核家族が基本で、子は成人すると親から独立し、個人主義的な傾向が強いため、自由競争を基本とする資本主義社会に適応した。一方でロシアは、一族が同居する大家族主義で、父親の権威は強いが、子どものきょうだい間は平等な関係である、と。これはドストエフスキーの小説『カラマーゾフの兄弟』に描かれているとおりだ。ロシアは近代以前の農村社会、あるいは権威主義的だが安定した独裁体制に適した民族性を備えていたといえる。

このような違いをもつアメリカとロシアだが、20世紀の初めまで両国の利害対立はほとんどなかった。ロシアは1821年にアラスカの領有を宣言したが、アメリカは開拓の途上だったのでこれを黙認。領土問題で衝突する機会がないまま、ロシアは財政難のため1867年にアラスカをアメリカに売却する。この間、1823年にアメリカのジェームズ・モンロー大統領は、ヨーロッパ諸国によるアメリカへの介入を拒否する反面、自国は南北アメリカ大陸外に介入しない「孤立主義（モンロー主義）」を唱え、これが外交の基本方針として継がれていた。

ところが、アメリカは1890年代に西部を開拓し尽くすと、1898年にスペインとの間でアメリカ＝スペイン戦争を起こしてフィリピンを獲得し、アジア太平洋地域への進出に乗り出した。当時、ヨーロッパ列強は中国大陸を支配する清《しん》の各地に軍事基地や商業拠点を築いており、アメリカもこれに続こうとしていた。ここで潜在的な敵国と見なされたのが、満州（中国東北部）で急速に勢力圏を広げつつあったロシアだ。

1904年に日露戦争が起こると、アメリカのセオドア・ローズヴェルト大統領は、日本に好意的な立場で講和を仲介し、日本政府の使者である金子堅太郎（元司法大臣）に「ロシアとの交渉を有利に進めるため、南樺太を占領したまえ」と勧めた。また、帝政時代のロシアではユダヤ人が迫害されていたことから、アメリカのユダヤ系銀行家ジェイコブ・シフは、日本に2億ドルもの資金協力をしている。

日露戦争が日本の勝利に終わると、アメリカの実業家ウィリアム・アヴェレル・ハリマンと日本の桂太郎首相は、満州での鉄道事業を合弁で進める交渉を行なったが、最終的に日本側はこれを拒絶する。このため、アメリカの本格的なアジア市場進出は阻まれ、米ロ対立は回避されたが、代わりに後年の日米関係悪化の一因ともなった。

一方、日本に敗北して東アジアへの進出に挫折したロシアは、東欧のバルカン半島での勢力圏拡大に方針を切り替え、ドイツ、オーストリアと敵対する。このため、同じくドイツとの対立が深まっていたイギリス、フランスと三国協商を結んだ。対するドイツとオーストリア゠ハンガリーは、オスマン帝国（トルコ）と接近して同盟を締結した。

１９１４年6月、ボスニア゠ヘルツェゴビナの州都サライェヴォでオーストリア゠ハンガリーの帝位継承者がセルビア人によって暗殺された事件（サライェヴォ事件）をきっかけに、バルカン半島でロシアを後ろ盾とするセルビアとオーストリアが衝突すると、双方の同盟国が次々に参戦し、第一次世界大戦が勃発する。

開戦後、孤立主義を国是とするアメリカは中立の立場を採った。ところが、ドイツ海軍は協商国（連合国）の近海を航行する中立国の船舶も攻撃する「無制限潜水艦作戦」を展開し、１９１５年5月にはイギリスの客船ルシタニア号が撃沈され、１００人以上ものアメリカ人乗客が犠牲となった。アメリカではしだいに反ドイツ世論が高まり、１９１７年4月6日、ついにアメリカは協商国側に味方して参戦した。

第一次世界大戦中の欧州
ノルウェー王国
スウェーデン王国
デンマーク王国
北海
グレートブリテン-アイルランド連合王国
オランダ
ベルギー
ロンドン
パリ
フランス共和国
スイス
ドイツ帝国
ベルリン
ブレスト=リトフスク
1917.9
ペトログラード
1917.3, 1917.11
ロシア革命
ロシア帝国
1918春
オーストリア-ハンガリー帝国
サライェヴォ
1914.6.28
サライェヴォ事件
ルーマニア王国
黒海
セルビア王国
モンテネグロ王国
ブルガリア王国
アルバニア
1918.9
ギリシア王国
イタリア王国
ポルトガル
スペイン王国
地中海
1918.10
1918.10
オスマン帝国
バグダード
サウード朝
連合国側諸国
中立国
同盟諸国軍の進路
同盟国側諸国
同盟国側の前線
連合国軍の進路

ロ　二月革命とロマノフ朝の崩壊

「パンをよこせ、もう戦争をやめろ！」――ロシアの民衆は、大戦が長期化するなかで食糧難のため不満の声を上げる。かねてよりロシアでは、皇帝（ツァーリ）と少数の貴族が権力を独占し、1906年には国会（ドゥーマ）が開設されたものの、選挙権は少数者のみに限られ、欧米や日本のような議会制民主主義は定着していなかった。加えて、皇帝ニコライ2世が皇太子の病気治療のため異端の祈禱《きとう》師ラスプーチンを重用したことや、皇后アレクサンドラが敵国ドイツの出身だったことも、国民の反発を集めていた。

当時のロシアの有力な反政府勢力の1つは、農村を基盤とする社会主義者＝革命家党（エスエル党）で、要人暗殺などのテロも辞さなかった。もう1つはマルクス主義に基づいたロシア社会民主労働党で、20世紀の初頭、比較的に穏健なメンシェヴィキと、労働者の武装革命によって権力奪取を唱える急進派のボリシェヴィキ（のちのソ連共産党）に分裂した。

ロシアのみならず、世界各国の社会主義者は国際的な連帯を唱えていた。この動きはアメリカも無縁ではない。当時のアメリカでは、石油王ロックフェラーが創業したスタンダード・オイル、エジソンが創業したゼネラル・エレクトリックなど、数々の大企業が急成長するなか、労働組合運動が激化し、1901年にはユージン・ヴィクター・デブスを指導者とするアメリカ社会党が結成される。また、日本の社会主義者である幸徳秋水は、1905年に渡米したおり、アメリカに亡命していたロシアの革命家たちと交流している。ロシア社会民主労働党の幹部だったレフ・トロツキーとニコライ・ブハーリンは、弾圧を避けて国外に逃亡し、第一次世界大戦中はアメリカに滞在して革命運動に従事した。

1917年3月8日（ロシアで使用されたユリウス暦＝ロシア暦の2月23日）、首都ペトログラードで大規模な反政府デモとストライキが発生し、軍の一部も市民に同調して決起する。皇帝ニコライ2世は退位を余儀なくされ、約300年続いたロマノフ朝は崩壊した。そして、自由主義的な富裕市民（ブルジョワ）と穏健派の貴族を支持基盤とする立憲民主党（カデット）を中心とした臨時政府が成立した。これが「二月革命」である。

臨時政府は、同盟国との関係を考慮して戦闘の継続を主張したが、各地では急進派の労働者、農民、兵士らが、独自にソヴィエト（評議会）を結成し、即時停戦を訴えて臨時政府と対立する。4月には、スイスに亡命していたボリシェヴィキの指導者ウラジーミル・レーニンが帰国して、人々に「すべての権力をソヴィエトに！」と呼びかける。この言葉は、すべての権力を皇帝でも貴族でも国家でもない、市民による主体的な自治組織に集める、という民権主義を表わす。

7月には、エスエル党の出身ながら徹底抗戦派のアレクサンドル・ケレンスキーが臨時政府の首相となり、ボリシェヴィキとソヴィエトを弾圧した。

1917年11月7日(ロシア暦の10月25日)、レーニンとトロツキーの主導によって、ボリシェヴィキは臨時政府に対するクーデタを起こし、ソヴィエト政権が成立する。これが「十月革命」で、ボリシェヴィキの権力独占によって、ロシアは世界で初めてマルクス主義を掲げる政党が権力を握った国家となった。12月にソヴィエト政権はドイツと停戦し、翌年3月には単独講和を結んで第一次世界大戦から離脱した。

ロ 世界初の「無神論国家＝社会主義国家」の成立

さて、なぜロシアでマルクス主義国家が成立したのだろうか。この背景には、ロシアは貧富の差が大きく、安定した中流階級者の層が形成されていなかったうえに、議会政治の歴史が浅く、穏健な自由主義を掲げた臨時政府の支持基盤が弱かった点がある。

マルクス主義は、19世紀ドイツの経済学者カール・マルクスが唱えた思想で、資本主義が発達した社会では、資本家同士の過度な競争によって貧富の差が拡大し、これを打破するための労働者階級による革命と権力の独占は、歴史の必然であるとした。そして、資本家による富の独占をなくし、財産を共有する共産社会の実現を目標に掲げた。

なお、マルクス自身は、イギリスのような高度に資本主義が発達した国家で共産革命が起こることを想定していた。ところが、イギリス、フランス、アメリカといった多くの先進国では、資本主義が発達するうちに少しずつ中間層が増加して貧富の差が改善され、急進的な革命を避けるため、政府もみずから社会福祉政策に力を入れるようになる。このため皮肉にも、資本主義の発達が遅れて権威的な体制が残っていたロシアや中国、東南アジアや中南米などでマルクス主義が広がることになったのである。

革命当時のロシアでは、工業労働者は総人口の2％未満しかおらず、圧倒的大多数は農民だった。ソヴィエト政権は、大地主の所有する農地を没収したうえで農民層に分配して支持を集める。かねてよりロシアでは、ミールと呼ばれる村落共同体による自治が定着しており、土地の共有管理や平等分配は受け入れられやすかった。

もう1つのマルクス主義の特徴は、無神論（唯物論的無神論）を掲げたことだ。マルクスは経済の因果関係や人類の発展史は科学的に説明できるとし、宗教は人々の目を現実から背《そむ》けさせる「民衆のアヘン」だとして批判した。ロシアでは帝政時代、教会が皇帝や貴族の権威の後ろ盾となって民衆の価値観を支配していた。そのため、ソヴィエト政権は教会を弾圧し、民間行事からも可能な限り宗教色をなくし、無神論国家の建設を進めた。

ソヴィエト政権は、旧来の権力者だけでなくロシアの伝統文化や宗教も否定したので、革命後のロシアからは約２００万人ともいわれる人々が国外に亡命し、アメリカにも大量に流入した。なかには、アメリカの発展に寄与した高名な人物も少なくない。たとえば、管弦楽曲『春の祭典』などで知られる音楽家のイーゴリ・ストラヴィンスキー、ブラウン管テレビや電子顕微鏡を実用化した技術者のウラジミール・ツヴォルキン、軍用ヘリコプターで有名なシコルスキー・エアクラフトを創業したウクライナ出身の航空技術者イーゴリ・シコルスキーなどがいる。十月革命で失脚したケレンスキーも国外に亡命して、最終的にアメリカに定住した。ソヴィエト政権の被害者として反共産主義を唱える亡命ロシア人たちは、アメリカの政治思想にも影響を与えることになる。

米ロ　レーニンに面目をつぶされたウィルソン大統領

革命後のロシアが戦線を離脱した結果、ドイツはヨーロッパ東部戦線の兵力を西部に移動させた。しかし、協商国側は兵員も工業力も豊富なアメリカの参戦によって勢力を増し、優勢を維持した。アメリカがヨーロッパの戦場に送った兵士は、じつに約２００万人に及んだ。

戦時下のアメリカ国内ではスパイ防止法が制定され、軍事作戦や徴用への非協力、利敵行為は容赦なく摘発され、国民の一致団結が要求された。言論の自由も制限され、アメリカ社会党の指導者デブスは、反戦を唱えたために逮捕された。これは後年、第二次世界大戦後の冷戦下におけるマッカーシズム（強硬な反共産主義）によって、共産主義者と見なされた者が迫害を受けた事態や、2001年9月11日にイスラム過激派組織アル＝カーイダによる同時多発テロが起こったのち、「愛国者法」が制定され、期間限定で捜査機関による盗聴や人権の制限が行なわれた事態の先例ともいえるだろう。

劣勢となった同盟国側では、1918年10月にオスマン帝国が協商国と講和した。続いてオーストリアとドイツでは、戦争に疲れた兵士や社会主義者を中心とする革命によって帝政が崩壊し、新たに成立した政府が協商国と講和する。かくして、11月11日に第一次世界大戦は終結する。この戦争では、爆撃機、潜水艦、毒ガスなどが初めて大々的に使用され、両軍の戦死者は合計して約1000万人という甚大なものであった。

第一次世界大戦の中心には、帝国主義的な国益の拡大を目論《もくろ》むイギリス、フランスとドイツの利害対立があったが、アメリカのウッドロウ・ウィルソン大統領と、ロシア・ソヴィエト政権の指導者レーニンは、いずれもそこから距離を置く立場だった。にもかかわらず、両者は「平和の主導者」の座を巡って敵対することになる。

レーニンは十月革命後、各国に無併合（敗戦国の領土を併合しない）、無償金（敗戦国から賠償金を取らない）、民族自決（大国の支配下にある民族の独立）、秘密外交の禁止を原則とした停戦案の「平和についての布告」を発表。さらに、革命前のロシア帝国政府が、英仏と戦後の領土分割について秘密協定を結んでいたことを暴露した。

ウィルソン率いるアメリカは、領土的野心ではなく「民主主義を守るための戦い」を掲げて参戦したが、同盟していた英仏の帝国主義的な態度を暴露されたことで、面目をつぶされてしまったのだ。結局、ドイツを打倒して国益を拡大するために結束していた協商国は、レーニンの提案を拒絶し、ソヴィエト政権は単独でドイツと停戦した。ソヴィエト政権は、ドイツとの単独講和であるブレスト＝リトフスク講和条約で、現在のエストニア、ラトヴィア、リトアニアのバルト三国と、ウクライナ、ポーランドの一部にあたる地域を手放したが、ドイツの敗戦後にこの条約は失効した。戦後にバルト三国とポーランドは独立を果たしたが、ウクライナはロシアに戻される。

レーニンに対抗するため、ウィルソンは「十四カ条の平和原則」を発表する。その内容は、秘密外交の禁止、軍備の縮小といった国際協調、東欧・バルカン半島諸国の独立、民族自決、そして国家間の争いを話し合って解決する機関である「国際連盟」の設立などだ。

レーニンとウィルソンの構想は重複していたが、ウィルソンは英仏との協調を採った。このため戦後、同盟諸国の支配下にあったポーランドやハンガリーなどは独立したが、インドやベトナムほか英仏の植民地はそのままだった。

ウィルソンは国際連盟結成への寄与によって、1919年にノーベル平和賞を受賞するが、国際情勢も国内世論も彼の意志に沿うものとはならなかった。

同年1月、大戦に参加した各国の代表が戦後処理のためフランスに集まって、パリ講和会議が開かれ、戦後の国際秩序を取り決めた「ヴェルサイユ条約」が結ばれる。ウィルソンは敗戦国に対する過度な賠償を望まなかったが、イギリスの戦死者は約100万人、ドイツに隣接するフランスでは約150万人に及び、両国の世論にはドイツへの強い報復感情があった。フランスのジョルジュ・クレマンソー首相の主張によって、ドイツは完済に数十年もかかる巨額の賠償金を課される。これはドイツ側の不満を招き、のちの第二次世界大戦の一因となる。

一方アメリカ議会では、19世紀以来の孤立主義を維持し、「我々に南北アメリカ大陸外の問題は関係ない」という意見が多数を占めた。このため、皮肉にもウィルソンの提唱によって実現した国際連盟に、アメリカは加盟しなかった。大国アメリカの不参加によって、国際連盟自体の影響力も不十分なものとなる。

ただ、ウィルソンの提唱のうち軍縮は国際的に受け入れられた。1920～30年代には「ワシントン会議」と「ロンドン会議」が開かれ、海軍力の均衡が図られた。もっとも、日本はイギリスとアメリカよりも軍艦の総重量が少なく設定されたので、日本の軍人は海軍軍縮条約を締結した文官の政治家に強い不満を抱くこととなった。後年、日本での軍による政治介入と米英との対立の一因にもなっている。

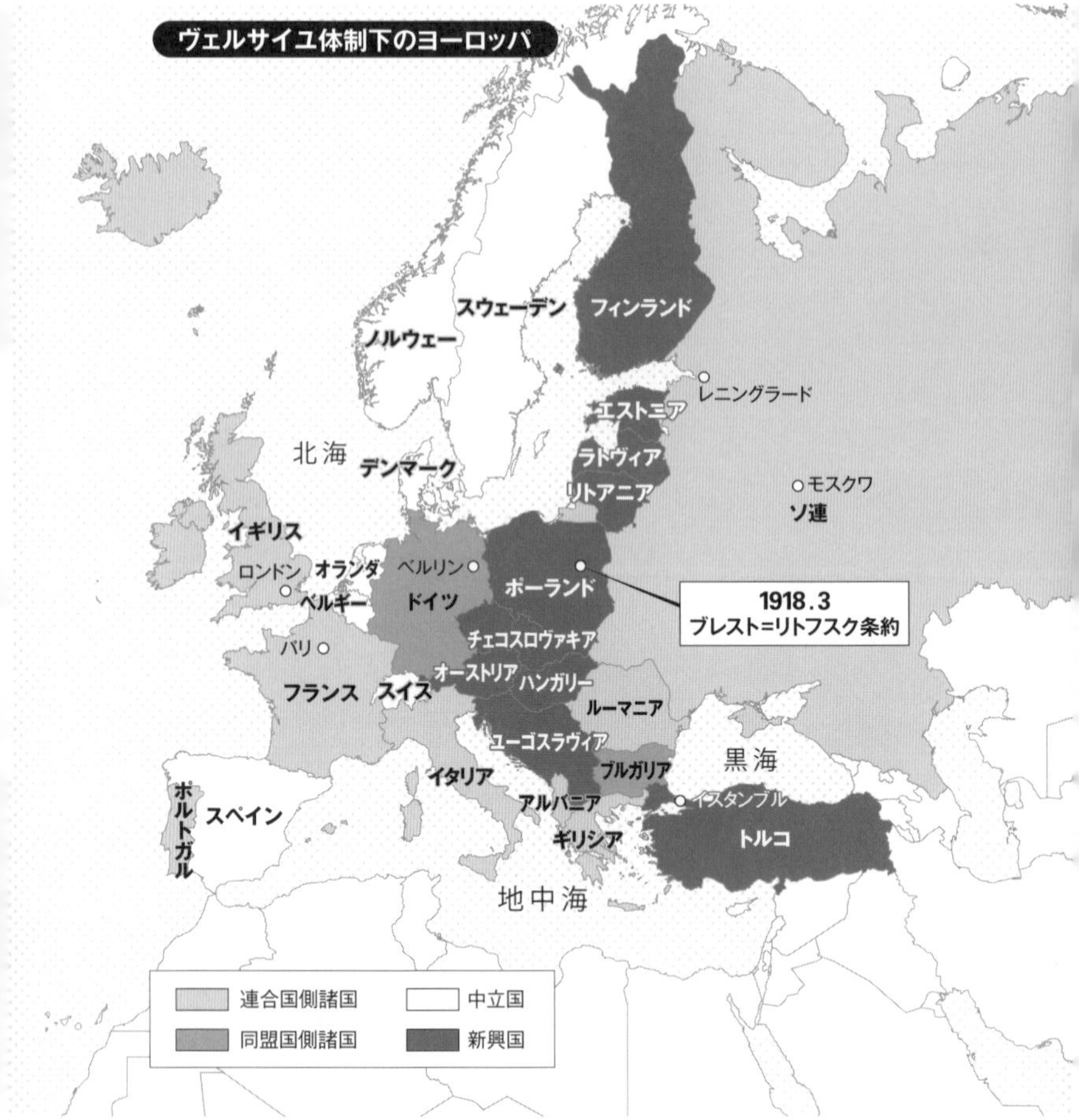
ヴェルサイユ体制下のヨーロッパ
スウェーデン
フィンランド
ノルウェー
レニングラード
エストニア
北海
デンマーク
ラトヴィア
リトアニア
モスクワ
ソ連
イギリス
ロンドン
オランダ
ベルリン
ポーランド
ベルギー
ドイツ
1918.3
ブレスト=リトフスク条約
パリ
チェコスロヴァキア
オーストリア
ハンガリー
フランス
スイス
ルーマニア
ユーゴスラヴィア
黒海
ブルガリア
イタリア
ポルトガル
スペイン
アルバニア
イスタンブル
ギリシア
トルコ
地中海
連合国側諸国
中立国
同盟国側諸国
新興国

米ロ　最初の米ロ直接対決である「シベリア出兵」

革命後に第一次世界大戦から離脱したロシアだが、国内では引き続き血みどろの抗争が繰り広げられ、大戦の終結後もなお継続した。広いロシアには「我々はソヴィエト政権など認めない！」という多くの反革命勢力がいたからだ。赤い旗をシンボルとする共産主義者による軍隊の赤軍と対比して、白軍と呼ばれた反革命勢力には、ロマノフ朝の復活を目指す帝政支持者のほか、ロシア共産党の中央集権的な独裁体制に反発する民主的な共和主義者、無政府主義者、地方の分離独立派など多様な背景をもつ人々が集まっていた。

1917年12月、ソヴィエト政権は反革命勢力を摘発するため、秘密警察の反革命・サボタージュ取締全ロシア非常委員会（チェーカー）を設立し、ユダヤ系ポーランド人のフェリックス・ジェルジンスキーが議長に就任する。政権に敵対すると見なされた者は、不十分な容疑でも次々と逮捕され、公正な裁判もないまま処刑されたり、シベリアへ流刑にされたりした。ロシアでは、帝政時代にも革命家を捕縛する秘密警察があったが、政治体制が変わっても、同様の組織と政策が引き継がれたといえる。チェーカーは、プーチン大統領を育てたスパイ機関として知られる国家保安委員会（ＫＧＢ）の前身となる。

マルクス主義は本来、共産革命による国家権力の揚棄《ようき》（対立する概念が融合して次段階へ進むこと。この場合は国家の発展的解消）を目標としていた。ところが、ソヴィエト政権では、反革命勢力との国内戦を継続するための強権的な独裁体制が、そのまま自然状態として定着し、強固な国家主義となってしまう。

ソヴィエト政権は内戦に集中するため、あらゆる産業を政府が一元的に統制する「戦時共産主義」を断行し、農産物を強制的に徴収したうえで食料を配給制にしたり、私企業の活動を禁止したりした。さらに、国内外の反革命勢力が皇帝ニコライ2世やその親族を奪還して利用することを恐れ、１９１８年7月、エカテリンブルクで皇帝とその妻子たちを殺害した。それでも白軍との内戦は収まらず、軍事人民委員（国防大臣に相当）に就任したトロツキーは、みずから装甲列車で広大なロシア各地を転戦した。

こうした事態が続くなか、諸外国も内戦に介入する。革命前のロシアの戦場には、オーストリアの支配下にあったチェコ人やスロヴァキア人による、約4万人もの部隊（チェコスロヴァキア軍団）が派兵されていた。ソヴィエト政権がドイツと講和すると、チェコスロヴァキア軍団は捕虜となったままシベリアに留め置かれる。オーストリアと敵対するチェコスロヴァキア独立運動の指導者トマーシュ・マサリクは、チェコスロヴァキア軍団を救出して協商国と連携しようと画策。これに応じる形で、１９１８年8月、イギリス、フランス、アメリカ、日本などがシベリアに共同出兵した。その実態は、共産主義を敵視する各国によるソヴィエト政権への干渉と白軍の支援だった。

チェコスロヴァキア軍団は各国軍や白軍とともに赤軍と戦ったが、1918年11月に第一次世界大戦が終結し、チェコスロヴァキアが独立を果たすと、段階的に帰国した。しかし、以降も各国軍は赤軍との戦闘を続ける。とはいえ、アメリカや西欧諸国はドイツとの戦闘で消耗していたうえに、インフルエンザ（スペイン風邪）が世界的に大流行していたこともあって、派兵数はそれぞれ数千人規模にとどまり、1919年にイギリスとフランスは撤兵、翌年にアメリカも撤兵する。シベリア出兵は最初の米ロ直接対決といえるが、アメリカにとって明確な大義もなく、強硬な反共主義もまだ広まっていなかったので国民の支持も乏しく、ほとんど成果を上げないまま終わった。

日本はヨーロッパの戦闘にほぼ関与していなかった反面、ロシアに接する満州での権益拡大を狙《ねら》っていたので、3万7000人の大兵力を投入して出兵を続ける。それでも、やはり大きな戦果は得られず、1922年10月に撤兵した。

ソ連の成立と「革命の輸出」の試み

ソヴィエト政権が断行した戦時共産主義の下では、農民はいくら働いても農産物を一方的に収奪され、商工業者もみずからの利益を追求することができなかったため、生産労働に対するモチベーションがすっかり落ち、経済活動は停滞した。このため、1921年3月、レーニンは農産物の自由売買や私企業の活動を部分的に認める「新経済政策（ネップ）」を導入。これにより農業生産や工業生産がようやく安定する。

1919～22年には、ロシア革命への干渉を図ってシベリア出兵を行なった各国も次々と撤兵し、国内戦は赤軍の勝利が確定した。もはやソヴィエト政権は内外ともに安定した立場となる。1922年4月、戦後のヨーロッパの経済復興を話し合うためにイタリアで開催されたジェノヴァ会議に、ソヴィエト政権も代表を派遣する。

革命後のロシアは、「ソヴィエト・ロシア」あるいは「ソヴィエト共和国」と呼ばれ、広大な国土にさまざまな民族が混在するため、各地にそれぞれ独自のソヴィエト政権が成立していた。それらを統合する形で、1922年12月、ロシア、ベラルーシ、ウクライナ、ザカフカース（コーカサス地方）の4つの共和国からなるソヴィエト社会主義共和国連邦

（ソ連）が成立し、ロシア共産党はソ連共産党となった。

後年には、ザカフカースは、ジョージア（グルジア）、アルメニア、アゼルバイジャンの3国に分割される。また、ロシアからイスラーム教徒の多い中央アジアのカザフ、キルギス、ウズベク、タジク、トルクメンの5国が分割される。とはいえ、これらの連邦構成共和国はモスクワ中央政府の強い統制下に置かれていた。

こうしたロシア国内での革命の進行、共産党による権力の奪取は、海外の動きとも密接に関係し、共産革命はロシア一国にとどまらない可能性をもっていた。1864年、マルクスは世界各国の革命家・労働運動の連帯を掲げて国際労働者協会（第1インターナショナル）を結成した。しかし、70年代半ばになると、一元的な組織の確立を目指すマルクスら共産主義派と、地方分権的な自治体制を目指すロシア出身のミハイル・アレクサンドロヴィチ・バクーニンら無政府主義派の対立によって分裂してしまう。

その後、1889年、フランス労働党、ドイツ社会民主党など各国の社会主義政党が結集した第2インターナショナルが成立する。各国の社会主義政党は、反戦平和を唱えていたが、第一次世界大戦が起こると自国の政府を支持する組織が相次ぎ、第2インターナショナルも崩壊した。だが、大戦中にロシアで十月革命が起こると、各国の社会主義政党からロシア共産党を支持する左派が分離して、革命の連鎖を図る。

第一次世界大戦が終結した直後の1918年11月、それまでオーストリアの支配下にあったハンガリーでは、ハンガリー共産党が成立。戦後の混乱に乗じて革命を起こし、翌年3月にハンガリー・ソヴィエト共和国を成立させた。しかし、保守派の反抗やルーマニア軍の侵攻によって、わずか4カ月で政権は崩壊する。一方、ドイツでも1918年12月にドイツ共産党が成立し、翌年1月に大規模な蜂起を起こすも、政府に鎮圧された。

マルクスの究極の目標は国家の揚棄であり、全世界が共産主義になればそれが実現すると考えていた。そこでロシア共産党を主導するレーニンとトロツキーは、海外の同志たちと連携するため、1919年3月、共産主義者の国際組織であるコミンテルン（第3インターナショナル）を結成する。続いて、1920年代にはヨーロッパやアジアの各国（英領インドなど植民地も含む）でも、次々と共産党が設立された。

じつは、アメリカにも共産党が存在する。その結成は1919年9月で、意外にもフランス、イタリア、中国、日本などでの共産党の成立よりも早い。各国の社会主義政党のなかでも、アメリカ社会党は第一次世界大戦時に一貫して反戦を主張したが、基本的には議会制民主主義を肯定し、過激な革命に与《くみ》しない改良主義だった。これに不満を抱く急進的な左派が分離してアメリカ共産党を結成したのだ。党の規模は小さかったが、指導者ウィリアム・Z・フォスターは公然とソ連を支持して、政府や国内の保守派と正面から敵対し、連邦捜査局（ＦＢＩ）の監視対象となる。

米 経済発展と共産主義への憎悪

革命後のロシアが新国家の建設に苦闘する一方、１９２０年代のアメリカ経済はまさに絶好調で、繁栄の時代を迎える。第一次世界大戦の主戦場はヨーロッパで、アメリカ国内は被害を受けなかったうえに、イギリス、フランス、ドイツといった大国が戦争に国力を集中させている間に、アメリカは工業生産力や輸出額を飛躍的に向上させた。

外交政策では孤立主義を基本としたまま、財力によって国際的な影響力を高めていく。大戦中のアメリカは協商国側の各国に巨額の資金を貸し付け、債務国から債権国に転じた。１９２４年には、フランスに対するドイツの賠償金支払いが遅延している問題を解決するため、アメリカの銀行家チャールズ・ゲーツ・ドーズの主導によって、ドイツに２５０億ドルの融資を行なうドーズ案を策定している。

第一次世界大戦では航空機、戦車、潜水艦といった新兵器が大量に投入され、機械や通信に関連する技術も大幅に発展し、軍需生産のための工場労働者も増加した。これらが戦後は民需に広く活用されることになる。終戦直後の数年間はまだ国際的に経済が低迷していたが、戦後の混乱を脱した1922年から28年の間に、アメリカのGDPは30％も増加した。さらに、法人税の大幅減税が行なわれて多くの大企業が発展する。

とくに目覚ましいのは、自動車の普及だ。フォード自動車会社は大戦前の1908年に自家用車の大量生産を実現していたが、同社とともにゼネラル・モーターズ（GM）、クライスラーの3大メーカーが競い合って次々と新車を発売するようになる。

アメリカでは1920年にラジオ放送が開始される。電気式蓄音機と円盤型レコードが広まったのもこの時期で、スポーツ中継とジャズが国民的な娯楽として広まった。

ハリウッドを中心とする映画産業も発展し、1923年には、ワーナー・ブラザースとウォルト・ディズニー・スタジオが、1924年にMGMが設立された。三大喜劇王と呼ばれたチャールズ・チャップリン、ハロルド・ロイド、バスター・キートンら名優の出演作は、アメリカ国内のみならず世界的に人気を博する。

こうした大工業と大衆文化の発展の陰で、急増する労働者は低賃金や長時間労働に苦しみ、アメリカでもロシア革命の影響を受け、労働運動が激化していた。1919年2月にはワシントン州シアトルで6万5000人以上の労働者が参加する大規模なゼネラル・ストライキが発生したほか、各地で労働組合の結成やストが続発する。司法長官アレクサンダー・ミッチェル・パーマーは、政府に敵対的と見なした共産主義者や労働運動家を大量

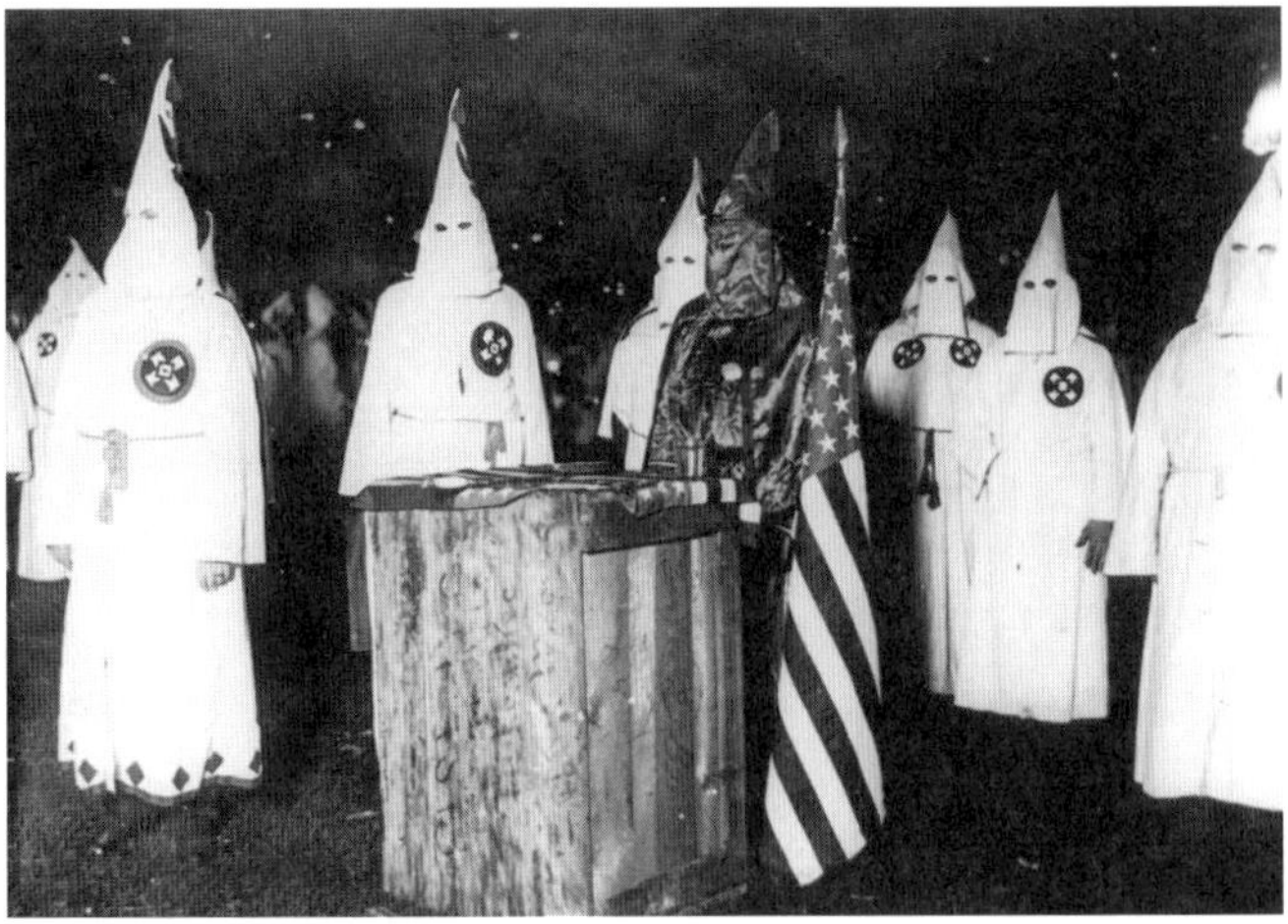

アメリカのKKKの活動の様子。

に逮捕し、国外退去させた。これはパーマー・レイドと呼ばれる。

政府機関のみならず、民間からも強硬な右派が現れる。その代表格がクー＝クラックス＝クラン（ＫＫＫ）だ。ＫＫＫは、1860年代の南北戦争後、南部の諸州で成立した白人至上主義者の団体で、19世紀末には一度衰退したが、第一次世界大戦中に愛国主義が高まるなかで再建され、「有色人種と共産主義者をたたき出せ！」と過激に主張した。この背景には、大戦中に軍隊や軍需工場で大量の黒人が徴用されたことから人種間の対立が激化し、大戦後はヨーロッパからの難民やアジア系の移民が急増していた点がある。

ＫＫＫはキリスト教の道徳観を重視した

ため、無神論を説く共産主義も敵視した。これには、共産主義が人種民族に関わりなく国際的連帯を掲げ、アメリカ共産党の支持者に外国出身者が多かった点も影響している。なお、反共主義は反ユダヤ主義とも入り混じっていた。マルクスの父親はユダヤ教からキリスト教に改宗した人物だったが、ソ連共産党幹部のトロツキーをはじめ、国内外にはユダヤ人の共産主義者も多かったからだ。ただ、ロスチャイルド一族などユダヤ系の金融資本家も多いという複雑な側面がある。

また、1926年にミシガン州デトロイトに赴任したカトリック聖職者のチャールズ・カフリンは、最新のメディアであるラジオを活用して、反共主義と反ユダヤ主義を強く訴え、その支持者は全米で3000万〜4500万人に及んだという。カフリンに代表される民間の宗教右派は、21世紀の現在まで根強い勢力を保っている。

このように、アメリカでは共産主義への敵意が強かったものの、この頃はまだソ連との直接戦争は意識していなかった。1910〜20年代のアメリカ軍内部では、世界各国との戦争を想定したカラーコード戦争計画があり、日本を仮想敵とするオレンジ計画、フランスを仮想敵とするゴールド計画、ドイツを仮想敵とするブラック計画、中南米への軍事介入を想定したグリーン計画・パープル計画などがあったが、ソ連（ロシア）を対象とする案はなかった。この時期のアメリカが想定していたのは、基本的に南北アメリカ大陸か、自国の勢力圏であったフィリピンやカリブ海などでの戦闘だった。

当時ようやく国内戦を終えたソ連は、共産主義の拡大による「革命の輸出」を進めてはいたが、他国に直接戦争を挑もうとする動きはなかった。一方、アメリカも引き続き孤立主義を基本方針とし、ヨーロッパへの軍事的な介入は考えていなかった。

暗殺後、記録写真からもトロツキーの姿を消したスターリン

初期のソ連共産党を主導してきたレーニンは、脳卒中のため1924年1月に急死した。ここで後継者に浮上したのが、軍事人民委員のトロツキーと、中央委員会書記長のヨシフ・スターリンだ。スターリンは、ロシアではなくジョージア（グルジア）出身で、レーニンらのボリシェヴィキ幹部が海外に逃亡していた間もロシア国内で活動を続け、活動資金を得るために銀行強盗などの犯罪行為にも手を染めていた。

「スターリンは粗暴だ、あの男だけはやめておけ」——後継者問題についてレーニンは遺書でこのように記している。ところが、スターリンはこの遺書を握りつぶし、コミンテルン議長のグリゴリー・ジノヴィエフ、政治局長のブハーリンらの幹部を味方に付け、トロ

レーニン

トロツキー

ツキーを失脚させて党の実権を握る。

トロツキーは極度のロマンチストかつコスモポリタン的な人物で、「ソ連の体制を守るためにも、各国に共産革命を連鎖させねばならない！」という世界革命論を説いた。これに対し、スターリンは「今はソ連の国家建設に集中すべきで、海外の問題は後回しだ」という一国社会主義論を説いた。ソ連共産党幹部の間では、スターリンの方針のほうが現実的と判断されたのだ。実際にロシアは広大で、労働人口も天然資源も豊富なので、一国でも独立した経済圏を運営できる。2022年2月に起こったロシア＝ウクライナ戦争以降も、ロシアは海外から孤立した状態ながら、経済を順調に維持している。

のちにトロツキーは、共産党のすべての役

スターリン

職から解任されたうえ、1929年に国外追放に処された。以降はフランス、メキシコなど各国を転々としたが、最終的に1940年にソ連の工作員によって暗殺される。スターリンのトロツキーへの憎悪はすさまじく、トロツキーの業績はすべて記録から削除され、革命初期の写真からもトロツキーの姿が消された。だが、1950年代後半にスターリンによる独裁の実情が暴露されると、海外の共産主義者の間では、トロツキーの再評価が広がることになる。

トロツキーの世界革命路線では海外の諸国をことごとく敵に回すことになるが、スターリン体制の確立に前後して、ソ連は海外の主要国と正式に国交を樹立した。まず、1922年にドイツがソヴィエト政権とラパロ条約を結び、最初にソ連を国家として承認する。この背景には、当時、革命直後のロシアと同じく、敗戦国のドイツも国際的に孤立していたという事情がある。じつは、ラパロ条約には、ドイツ軍がロシア国内で軍事訓練を指導するという秘密協定があった。敗戦後のドイツは徹底的に軍備の縮小を要求され、大規模な訓練や新兵器の開発が行なえないため、ソ連がその場所を貸し、革命直後でまだ経験の浅いソ連軍人がこれに協力して指導を受けるという関係である。レーニンは大戦の終結前、秘密外交の禁止を唱えていたが、それをみずから反故《ほご》にしたのだ。

中国大陸では1912年の辛亥《しんがい》革命で中華民国が成立しており、その指導者である孫文は、ヨーロッパ列強による帝国主義を打破するという共通の目的から、1923年にソ連と共同宣言を発して、ソ連との連帯と容共を掲げた。さらに、孫文が率いる国民党と中国共産党の協調による第1次国共合作（1924～27）が成立する。だが、1925年に孫文が死去すると、その地位を継いだ蒋介石《しょうかいせき》が反共主義に傾き、中国共産党と敵対した。

辛亥革命を機にモンゴルは清からの独立を宣言したが、中華民国政府はこれを認めなかった。モンゴルは独立を維持するためにソヴィエト政権を味方に付け、1924年に世界で2番目の社会主義国となるモンゴル人民共和国が成立した。

1920年代には、ソ連の影響を受けて西欧でも社会主義政党が躍進する。1924年にはイギリスで労働党内閣が、フランスで急進社会党を中心とした左翼同盟内閣が成立し、両国ともソ連を国家として承認した。ただ、その後、保守政党に政権が移るとソ連とは距離を置く。日本も1925年に日ソ基本条約を結んでソ連と国交を結んだ。

同じく1925年には、イギリス、フランス、ドイツなどヨーロッパの7カ国によって、集団安全保障を含む7つの条約から成るロカルノ条約が結ばれる。これによってドイツは国際社会での地位を回復したといえるが、ソ連はロカルノ条約への参加を拒否された。諸外国との国交は樹立したものの、依然として国際的な孤立が続くことになる。

アメリカとソ連の国交樹立は、ほかの国々よりも遅れ、1933年にようやく実現する。これはアメリカがヨーロッパに介入しない孤立主義を採っていたことに加え、国内の反共主義が根強かった点も影響している。さらに、革命前のロシア帝国はアメリカに債務を負っていたが、後継政権であるソ連政府はこの借金を踏み倒そうとしている。それでも、スターリンは、当時最も資本主義が発達した工業先進国であるアメリカに強い関心をもっていた。1927年にアメリカの労働者代表団がソ連を訪問したとき、4時間にわたって自説を展開したあと、2時間にわたって自分から代表団に質問し、その内容はアメリカの事情をかなり正確に把握したものだったという。

米 商売にイデオロギーは関係なし。ソ連と国交樹立

いつの時代も、投機が過熱すればいつかはバブルが弾ける。1920年代、空前の好景気を謳歌《おうか》していたアメリカだが、1929年10月にニューヨークの株式市場で株価の大暴

落が起こった。アメリカ国内では多くの企業が次々と倒産し、工業生産も農産物の海外輸出も振るわなくなる。その影響は各国に連鎖し、「世界恐慌」を引き起こした。

深刻な不景気は長く尾を引き、1933年には失業率が25％に達する。世界恐慌の広がりは資本主義の欠陥を知らしめる形となり、労働運動が激化して共産主義の支持者も増加した。こうしたなか、同年には民主党のフランクリン・デラノ・ローズヴェルトが、状況打開のための「ニューディール（新規まき直し）政策」を唱えて大統領に当選する。

この政策の中身は、国家による金融機関の監督と企業への融資、テネシー川流域開発公社（TVA）をはじめとする公共事業による雇用の拡大、農産物の供給過剰を避けるための生産調整、失業保険や高齢者年金といった社会保障の充実などだ。おおむね社会主義的な政策といえるもので、経済学では修正資本主義とも呼ばれる。

とはいえ、アメリカは開拓時代から国家権力に頼らず個々人が銃で武装して身を守ってきたように、「何事も自力でやるべし」という自己責任思想が強い国だ。また、アメリカは各州それぞれが小さな独立国のように強い権限をもつ体制ながら、ニューディール政策は全国一律に連邦政府の影響力を及ぼすものであったため、ローズヴェルト政権に強く反発する政治家や企業も少なくなかった。だが、企業や公務員を連邦政府の法令によって動員するニューディール政策は、のちの戦時体制の下地となる。

対外政策では、アメリカを含めて各国が「ブロック経済」を導入した。たとえばイギリスは、自国とインドやオーストラリアなどの植民地間でのみ関税を低く設定し、外貨の流出を抑えた。フランスや日本も同様の政策を採り、アメリカはドルが流通する中南米諸国との結び付きを強め、ドルブロックを形成した。

1933年11月にアメリカはようやくソ連と国交を結ぶ。ブロック経済で取引先が限られるなか、ソ連市場への参入を図ったのが大きな理由だ。

共産主義の牙城に商品を売り込めるのかと思われるところだが、じつは以前から民間企業のソ連進出は行なわれていた。ソ連は大規模な農業開発を進めるためにフォード社からトラクターを3万台以上も輸入したうえ、トラックや乗用車のライセンス契約も結び、同社のコピー製品を生産した。また、ダムや水力発電所などを建設するため、顧問としてアメリカから技師を雇い入れていた。こうした事情もあり、アメリカの財界からも米ソ国交樹立を求める声は大きかった。両国とも商売にイデオロギーは関係なかったのだ。

「飢餓殺人」でウクライナは怨念を抱き続ける

世界恐慌に前後して、スターリン政権下のソ連では、私企業による自由な経済活動を認めた「新経済政策（ネップ）」を1928年に終わらせ、国家主導の下で農業と工業を発展させる「第1次五カ年計画」が進められた。

民間企業がそれぞれ自由に商品を生産して販売する市場経済に対し、政府が一元的に生産量や物流を管理する方針を計画経済という。ソ連は共産主義による国家建設の一環として、主要な産業を国有化し、計画経済を採り入れた。

アメリカでは、農民がせっかく栽培した作物が大量に余って買い手が付かず、価格が暴落するといった問題が多発したが、計画経済の下では需要と供給があらかじめ計算されていたので無駄がない（ただし、企業間の競争原理が働かないため、後年には技術革新に立ち遅れる）。これに加えて、当時のソ連は外国との貿易が少なく、ほぼ一国で独立した経済圏を形成していたため、世界恐慌の影響をほとんど受けなかった。

第1次五カ年計画では、ドニエプル川の下流域で巨大なダムや水力発電所が築かれたほか、シベリアのチェリャビンスクやノヴォシビルスクなど、各地で大規模な製鉄所や工場が次々と建設され、アエロフロート・ソ連航空やシベリア鉄道による交通網も大きく発展した。軍需工業も大きく拡大し、最新式の軍艦や戦車が大量に生産された。アメリカをはじめとした各国が世界恐慌による不況に苦しむなか、ソ連の飛躍的な工業の発展は世界を驚かせ、共産主義の優位性をアピールすることになる。

だが、工業が発展する陰で深刻な食糧難が広がっていた。第1次五カ年計画では、すべての農地を国家が管理し、農民を国営農場のソフホーズや共同運営の集団農場であるコルホーズに所属させる農業集団化も進められた。この過程で、クラークと呼ばれた大地主などの富農は、徹底的に財産や私有地を奪われ、抵抗する者は容赦なく死刑やシベリアへの流刑に処された。農民は自分の土地をもてず、真面目に働いても農産物は政府が一方的に収奪してしまうので、労働意欲が低下する。政府の方針に抵抗して畑を焼き払ったり、所有する家畜をすべて殺してしまったりする者も相次ぎ、農業生産は激減した。

農業集団化に伴う1930年代には大飢饉《ききん》が起きた。餓死者は推定約400万〜600万人。とくに被害が深刻だったのがウクライナで、農産物や家畜を政府に奪われた人々は、木の根や野生の獣などあらゆる食糧を探し、なんと人肉食に手を染めた者までいたという。この苦い記憶は、21世紀の現在まで続くウクライナ人のロシアへの強い反発心の一因になっている。

また、富農と並んで弾圧されたのが教会だ。聖職者は共産主義の敵と見なされ、次々と処刑や流刑の対象となった。1931年12月には、モスクワにあったロシア正教会モスクワ総主教に属していた救世主ハリストス大聖堂が政府によって爆破された。

ソ連共産党は、救世主ハリストス大聖堂の跡地に、ソヴィエト宮殿という巨大なビルを建設する計画を立てた。そのコンペにはスイス出身のル・コルビュジエを筆頭に、海外の著名な建築家が大量に参加しており、当時は海外にもソ連を支持する知識人が多かったことを反映している。ソヴィエト宮殿の構想は壮大で、頂上部に高さ75メートルのレーニン像を置き、全高415メートルもの超高層建築を予定していた。アメリカで1931年に竣工した当時世界最大の建築物であるエンパイア・ステート・ビル（102階、381メートル）を上回る高さだ。ここにもアメリカへの強い対抗意識がうかがえるが、その後の第二次世界大戦の勃発により、ソヴィエト宮殿は建設途上で放棄され、計画は撤回された。

このほかにも、1930年代のソ連には産業や文化のさまざまな分野で、「アメリカに追い付け、追い越せ」という意識が漂っている。ソ連では、映画もまた国民の娯楽だけでなく、政治宣伝の手段だった。渡米経験をもつ映画監督グリゴリー・アレクサンドロフは、チャップリンの出演作をはじめとするハリウッド映画の手法を取り入れ、『陽気な連中』『サーカス』などのヒット作品を生み出した。ソ連共産党政治局員で食料供給と貿易を担当したアナスタス・ミコヤンは、アメリカで食べたソーセージとアイスクリームをソ連でも生産できるように、アメリカ製の機械を備えた食品工場を次々と建設した。政治思想では敵対していても、ソ連にとってアメリカは「憧れの国」だった。

米ロ

ソ連がアシストしたナチスの台頭

1920～30年代、アメリカを含む複数政党制の西欧型民主主義と、一党独裁の共産主義を採るソ連に対し、第三の陣営としてファシズムが台頭する。イタリアでは第一次世界大戦後、ベニート・ムッソリーニの率いるファシスト党が国民の支持を集め、1922年に「ローマ進軍」という無血クーデタで政権の座に就いた。ムッソリーニの掲げたファシズムは、いわば民族主義と社会主義の折衷で、既存の大企業や教会と協調しつつ、一党独裁の下での国民の団結を進めた。ファシズムは共産主義を敵視したので、アメリカや西欧の保守派は当初、ムッソリーニに好意的だった。

日本では文官の政治家の多くは米英との協調路線を採ろうとしたが、世界恐慌を機に命運が大きく変わる。生糸の輸出が激減して農村に貧困が広がるなか、陸軍は満州の権益に目を付ける。当時、中華民国では蒋介石の率いる国民党と毛沢東《もうたくとう》の率いる共産党の内戦が続き、満州の豊富な土地と資源がほぼ未開拓のまま放置されていた。日本が運営する南満州鉄道（満鉄）の沿線警備を担当していた関東軍は、1931年9月に満州事変を起こして満州全土を占領する。これは軍の独断だったが、政府は事後承諾し、翌年には実質的に日本が支配する満州国を建国した。この動きは各国から非難を受け、日本は1933年3月に国際連盟を脱退。以降は軍が政治を主導するようになる。

ドイツは第一次世界大戦の敗戦後、巨額の賠償金や経済の低迷、外国人の大量流入を背景とした国民の不安が高まる。議会では共産党も躍進したが、国民の間ではこれに対する敵意も強く、「ユダヤ人や共産主義者をたたき出せ！」と過激に主張するファシズム政党の国民社会主義ドイツ労働者党（ナチ党。ちなみに「ナチス」はナチ党員、突撃隊、親衛隊などのナチ関連組織メンバーの複数形）が、しだいに勢力を拡大する。

こうしたナチスの台頭は、図らずもソ連によるアシストの産物だった。当時のドイツでは、共産党だけでなく社会民主党などもナチスと敵対関係にあったが、ソ連はコミンテルンを通じて各国の共産党に対し、保守政党よりも、革命を否定して穏健な改革を進めようとする社会民主主義政党のほうを攻撃するように指導していた。このため、ドイツ共産党は一貫してほかの政党と協力せず、結果的に選挙ではナチスが独り勝ちする。1933年1月にはナチス指導者のアドルフ・ヒトラーが首相に就任。ナチス政権はあれよあれよという間に共産党を非合法化し、ナチ党以外の政党を禁止して、一党独裁体制を確立する。スターリンは、みずから後年の強敵を育ててしまったのだ。

ナチス政権下のドイツは日本に続いて同年10月に国際連盟を脱退し、ヴェルサイユ条約を破棄して再軍備を進める。そして、共産主義とアメリカをはじめとした西欧型民主主義国をいずれも敵視する立場から、イタリア、日本と協調していくことになる。

アメリカのローズヴェルト政権は、ドイツや日本の動きに批判的だったが、孤立主義の立場から深い干渉はしなかった。日本がソ連と接する満州を実質的な支配下に置いたので、スターリンは日本に対する牽制《けんせい》のためにアメリカとの関係強化を望んでいた。ところが、ローズヴェルトはこの段階では日本に妥協的な態度を採り、日米開戦の直前まで日本との貿易を続ける。相手が共産主義陣営であれ、ファシズム陣営であれ、戦争にならない限り、イデオロギーよりも商売というのがアメリカの方針だったのだ。

しかし、いくら商売が大事でも、戦争当事国に武器を輸出すれば、孤立主義に反して海外の戦争に関わることになる。ファシズム国家の台頭で戦争が迫るなか、1935年8月にアメリカは中立法を制定して交戦中の国への武器輸出を禁止した。

ドイツでのナチス政権の成立はソ連に大きな危機感をもたらす。ソ連が1933年11月にアメリカと国交を樹立した背景にも、ドイツへの警戒心があった。さらに翌年、ソ連はイギリスやフランスとの協調を図るため国際連盟に加入する。

ソ連による海外の共産党への指導方針も変わり、1935年のコミンテルン第7回大会で、ファシズム勢力に対抗するため、各国の共産党は中道左派の政党と協調する路線が採択された。それまでアメリカ共産党は、ローズヴェルト政権に敵対的な態度を採っていたが、この方針転換によってニューディール政策を支持するようになる。

1936年12月、ソ連は1924年に制定された憲法を改正し、共産党が指導的役割をもつと記しながら、国民による直接普通選挙や信教の自由を明文化した。これには、アメリカや西欧諸国を味方に付けるため、「我が国はファシズム国家とは違い、信教の自由が保障された民主国家だ」とアピールする意図があった。もっとも、実際にはスターリンによる強固な独裁体制の下で、反対勢力はきびしく弾圧された。

1937年7月、北京で日本公使館の周辺に駐屯していた日本軍の部隊と中華民国軍が衝突し、日中戦争が始まる。日本は中立法を定めたアメリカとの貿易を維持するため、「戦争」ではなく「事変」という呼称で通した。

日中戦争の勃発に伴い、中国共産党もコミンテルン第7回大会の方針に沿って、国民党と協調して日本と戦う方針を採り、第2次国共合作が成立する。アメリカの民間企業による日本への輸出は継続していたが、蒋介石は、妻でアメリカ留学経験をもつ宋美齢《そうびれい》を通じてローズヴェルトに強く働きかけ、対日戦争への協力を仰いだ。つまり、米ソ両国が中華民国を背後から支援して日本と戦う図式が成立したのだ。

★アメリカ共産党がつないだ日本とソ連のスパイ網

ファシズム勢力の台頭は、アメリカにもさまざまな影響を与えた。ドイツやその近隣諸国から、ナチスの迫害を逃れて多くのユダヤ人がアメリカに流入した。そのなかには、社会的に影響力の強い優秀な学者も少なくない。たとえば、社会学者のエーリヒ・ゼーリヒマン・フロム、マックス・ホルクハイマーらの「フランクフルト学派」（ドイツのフランクフルト大学を中心に形成されたグループ）は、マルクス主義の影響を受けつつもソ連とは距離を置き、アメリカで大衆社会の分析やファシズム批判を広めた。

相対性理論で知られる物理学者のアルベルト・アインシュタインも、アメリカに逃れてきたユダヤ系ドイツ人で、第二次世界大戦の直前、いち早くローズヴェルトに原子爆弾の開発を進言している。ハンガリー系ユダヤ人の数学者ジョン・フォン・ノイマンは、強硬な反ファシズムかつ反共主義者で、第二次世界大戦中はアメリカで原子爆弾開発のためのマンハッタン計画に参加したり、コンピュータや人工知能の基礎理論を築いたりしている。

なお、ソ連でも国内の諸民族の伝統的な共同体を解体する方針と無神論の立場から、ユダヤ教を信仰するユダヤ人が迫害され、国外へ逃れるユダヤ人が相次いだ。この時期にアメリカに亡命してきたユダヤ人は約30万人ともいわれ、彼らの働きかけによって、アメリカではしだいに反ファシズムの世論が広がる。

同じく反ファシズムを掲げるアメリカ共産党も、コミンテルンの方針転換によってローズヴェルト政権を支持したことから勢力を拡大する。作家やジャーナリストなど在野の知識人ばかりでなく、上院の軍需産業調査特別委員会に属していた弁護士アルジャー・ヒスなど、政府関係者にも共産党に入党する者が現れ、その人脈はソ連のスパイ網にも活用された。じつは、戦前のアメリカ共産党は日本共産党との関係が深く、コミンテルンの指令文書の多くはアメリカを経由して日本に送られていた。第二次世界大戦中に日本で活動したソ連スパイのリヒャルト・ゾルゲは、アメリカ共産党メンバーの仲介によって、満鉄職員の尾崎秀実《おざきほつみ》を協力者に引き入れている。

こうした反面、アメリカ国内ではファシズム支持、反ユダヤ主義、反共産主義の動きも急速に広がる。先に触れた宗教右派のカフリンは、１９３４年にローズヴェルト政権に貨幣制度の改革を訴えたが拒否される。それ以降、声高に政府批判を唱えるようになり、ソ連に友好的なローズヴェルトを公然と「モスクワの手先」と罵った。カフリンは１９３８年にキリスト教戦線という組織を結成し、街頭で公然とユダヤ人を攻撃した。

「自動車王」と呼ばれたヘンリー・フォードも、強硬な反ユダヤ主義者で、１９３８年にはドイツ領事から勲章を授与されている。彼が創業したフォード社は、ソ連だけでなくナチス政権下のドイツにも多くの車両を輸出していた。ただし、フォード自身は明確なナチス支持の政治活動は行なっていない。

第二次世界大戦の前夜、孤立主義を基本としつつも、ソ連支持の左派、ナチス支持の右派が入り乱れるアメリカは、まさに国論分裂の危機に直面していた。

恐怖の大粛清とまさかの独ソ協調

1933年以降、ソ連は第2次五カ年計画を進めて急速に軍備を増強する。だが、農業集団化の過程で大飢饉が起こったことから政府に対する非難の声が広がり、国外ではドイツや日本の脅威が高まっていた。スターリンは強い不安に襲われ、共産党の要人や軍の上級将校から一般市民まで、自分に敵対していると見なした人物を、一方的に次々と逮捕・処刑していった。これは「大粛清（大テロル）」と呼ばれる。

1936年8月、古参の共産党幹部でトロツキーの追放時にはスターリンと同調したジノヴィエフやレフ・カーメネフらが、スターリンに反逆を企てたという容疑をかけられて処刑された。これに続いて、元首相のアレクセイ・ルイコフ、ソ連軍の近代化に貢献した陸軍元帥のミハイル・トゥハチェフスキーほかの有力者が、「ドイツのスパイ」「国外のトロツキーと共謀していた」といった根拠のない容疑によって逮捕、処刑される。

一連の大粛清のじつにグロテスクな点は、証拠不十分のまま形式上は裁判を行ない、やってもいない容疑を自白させて記録に残したうえで、刑を執行したことだ。容疑者の捜査と逮捕を実行したのは、先に触れたチェーカーの後継組織である秘密警察の内務人民委員部（NKVD）だが、なんと、その長官であるゲンリフ・ヤゴーダと後任のニコライ・エジョフも、組織内の派閥争いからスパイ容疑をかけられて処刑されてしまった。1930年代後半までに大粛清の犠牲者は約200万人に及び、その半数が投獄やシベリアへの流刑に処され、半数が処刑されたと推定されている。

大粛清はソ連国民の政府への不信を強め、優秀な将校を大量に追放したり処刑したりしたことで、軍の弱体化を招いてしまう。国外に逃亡する者も相次ぎ、スターリンによる恐怖政治の情報は断片的ながら海外にも広まり、アメリカをはじめ諸外国での共産主義への嫌悪感を強めた。もっとも、当時の各国の共産党員はソ連の公式見解を信じ、大粛清にまつわる話は共産主義を敵視する勢力による誇張だと思っていた。

ソ連で大粛清が進行中だった1938年3月、ナチス・ドイツはオーストリアを併合、続いてチェコスロヴァキアに圧力をかけ、ドイツ系の住民が多い西部地域（ズデーテン地方）の併合を迫る。イギリスとフランスは第一次世界大戦で国力をすり減らしていたので、ドイツの動きを警戒しつつも、弱腰な態度を採っていた。同年9月、イギリス首相アーサー・ネヴィル・チェンバレンと、フランス首相エドゥアール・ダラディエは、イタリア首相ムッソリーニを仲介役にヒトラーと会談をもち、ドイツによるチェコスロヴァキアの分割を黙認した。

「イギリスもフランスもアメリカもあてにならん。ソ連を守るには、逆にドイツと手を結ぶしかない」――英仏がドイツに妥協し、アメリカは孤立主義の立場から不介入を続ける様子を見て、このようにスターリンは判断したはずだ。

ソ連とドイツが水面下で交渉を進めるなか、１９３９年5月には、満州国とモンゴルの国境があるハルハ河畔のノモンハン近郊で、日本軍とモンゴル軍が衝突する「ノモンハン事件」が起こる。ソ連はモンゴル支援のために大部隊を派遣し、日本側、ソ連・モンゴル側がそれぞれ7万人以上の兵力を投入して戦闘が展開された。

同年8月23日、驚天動地のニュースが世界を駆け巡る。宿敵同士と思われたヒトラーとスターリンが「独ソ不可侵条約」を結んだと発表されたのだ。欧米で反ファシズムを唱える人々はソ連を激しく非難し、世界各国の共産党員の間には戸惑《とまど》いが広がる。ローズヴェルトは、この一件をきっかけにはっきりと反共主義へ舵《かじ》を切った。

このときヒトラーは、すでに英仏との開戦を決意し、のちにソ連とも戦うことを考えていた。しかし、東西で同時に戦端を開くのは困難と見て、英仏との戦闘に集中するため、一時的な手段としてソ連と不可侵条約を結んだのだ。スターリンはこのヒトラーの本心を読めていなかったため、あとで痛い目を見る。

そして、1939年9月1日にドイツ軍がポーランドに侵攻すると、ついに英仏はヒトラーへの妥協をやめてドイツに宣戦し、第二次世界大戦が始まる。国際情勢の急変を受けて、日本とソ連は停戦し、ノモンハン事件は勝者不在のまま打ち切られた。

2章

第二次世界大戦

――「敵の敵は味方」協調の時代

ロ どさくさ紛れの領土拡大とスモレンスクでの虐殺

第二次世界大戦は、アメリカとソ連がドイツと日本を打ち負かした形で終わっている。ただし、序盤の状況はまったく異なる。アメリカは2年以上も中立の立場を採り、ソ連はドイツと英仏が敵対している間に勢力圏の拡大を図った。

1939年9月にドイツ軍が西からポーランドに侵攻すると、ほどなくして東からソ連軍が「ポーランド内のウクライナ系、ベラルーシ系住民の保護」を口実に侵攻を開始し、ドイツとソ連はポーランドの東西をそれぞれ占領した。じつは、同年8月に結ばれた独ソ不可侵条約に付属する秘密協定（モロトフ＝リッベントロップ秘密協定）で、独ソ両国はポーランドの分割に合意していたのだ。

ソ連によるポーランド支配は過酷で、1940年4月、内務人民委員部（NKVD）はポーランド軍の捕虜数千人を処刑し、遺体をスモレンスク郊外にあるカチンの森に埋めた。のちに、この地域を占領したドイツ軍が1943年に遺体を発見し、「ソ連軍による蛮行だ！」と公表する。ソ連側は逆に「ドイツ軍のしわざだ」と言い張り、戦後も長くこれが定説とされた。だが、ソ連末期の1990年、ゴルバチョフ政権による情報公開を機に、公式にソ連側による虐殺を認め、ポーランド側に謝罪している。

さらに、1939年11月、ソ連はフィンランドに侵攻した。かねてよりソ連は、自国の西端に位置する主要都市・レニングラード（ロシア革命前のペトログラード）を防備するため、フィンランドに対して同地に隣接するカレリア地方での国境線の調整を一方的に要求していたが、フィンランド側はこれを拒否していた。この戦いは、第1次ソ連＝フィンランド戦争（冬戦争）と呼ばれる。欧米の国際世論は、ナチス・ドイツの友好国であったフィンランドに同情的で、ソ連は国際連盟を追放された。結局、兵力の総数で勝るソ連軍が優位な状態で停戦し、1940年3月に両国はモスクワ講和条約を結んで、フィンランドはカレリア地方などの領土をソ連に割譲する。とはいえ、フィンランド軍は冬季の森林地帯での戦闘に長《た》け、ソ連軍の大部隊を分断してゲリラ戦で大打撃を与えた。このため、ドイツ側は「ソ連軍は大して強くない」と判断したともいわれる。

また、独ソ不可侵条約の秘密協定では、ソ連がウクライナに隣接するルーマニア東部のベッサラビア地方と、バルト三国（エストニア、ラトヴィア、リトアニア）を併合することも認めていた。ベッサラビア地方は1940年6月にソ連に編入されてモルダヴィア・ソヴィエト社会主義共和国（現在のモルドバ）となる。続いて同年8月にバルト三国もソ連に編入され、第二次世界大戦の終結後もソ連の構成国となった。

第二次世界大戦の初期段階では、スターリンはドイツと連合国の衝突を「資本主義国同士の戦争」として傍観していたが、独ソ不可侵条約があったため、ソ連は各国の共産党に反ファシズム運動を止めさせ、コミンテルンは実質的な活動休止状態にあった。このため、諸外国には「ソ連はもはやドイツの仲間だ」という見方もあった。

こうした事情もあり、日本は1941年4月に日ソ中立条約を結ぶ。日本側で交渉を担当した外務大臣の松岡洋右《ようすけ》は、日本、ドイツ、イタリア、ソ連の四国同盟でアメリカや英仏に対抗することを考えていた。この構想はのちに独ソ戦の開始によって破綻するが、スターリンもこの時点ではドイツとの開戦はないと思っていた。ソ連を訪れた松岡に対し、スターリンは「我々は同じアジア人だ」と語り、仲間意識をアピールしたという。

米ロ ナチス・ドイツとソ連に二分されるヨーロッパ

ドイツ軍の戦車隊と航空隊は轟音《ごうおん》を上げてフランス国境を越えた。１９４０年5月のことだ。ドイツはポーランドを制したのち、軍事力を増強して矛先を西欧に向ける。まず中立国のベルギーとオランダに侵攻し、さらにフランスへ進撃した。

フランスにはイギリス軍の部隊も派遣されていたが、予想外の方角からの急激な侵攻の前に英仏の連合軍はなすすべもなく、6月14日にフランスが降伏する。この直前にイギリス首相となっていたウィンストン・チャーチルは、約35万人の連合軍将兵をドーバー海峡のダンケルクからイギリスに撤退させている。フランスの将軍シャルル・ド・ゴールは、イギリスで亡命政権の自由フランスを組織してドイツへの抵抗を続けた。

パリを含むフランス北部はドイツの直接占領下に置かれ、南部はドイツに追従する陸軍元帥フィリップ・ペタンを首班とするヴィシー政権が成立した。ドイツ支配下のフランスでは、ユダヤ人や共産主義者が迫害されることになる。

かねてよりドイツとイタリアは、１９３６年10月に「ベルリン・ローマ枢軸」という協力体制を築き、同年11月に日本もドイツと「日独防共協定」を結んでいた。第二次世界大戦の開始前、ドイツとイタリアはさらに関係を深めて軍事同盟を結び、1940年9月には日本も加わって日独伊三国同盟が成立する。このほか、ドイツを後ろ盾にして一時的に独立国となったスロヴァキア、クロアチア、東欧でソ連の勢力拡大を警戒するハンガリー、ルーマニア、ブルガリアなどもドイツに与《くみ》する枢軸国側に属した。

「ヨーロッパはナチス・ドイツとソ連に二分されてしまうのか」という空気が漂うなか、イギリスは孤立したまま抵抗を続け、大西洋の各地では英独の海軍による衝突が繰り返される。チャーチルは、1940年8月にローズヴェルトと協定を結び、アメリカが大量の旧式軍艦をイギリスに譲渡する代わりに、当時は英領だったニューファンドランド（戦後はカナダに属した）、バハマ、ジャマイカなどにアメリカ軍が駐留することを許した。これはアメリカを連合国側に引き込もうというチャーチルの思惑《おもわく》によるものだが、結果的に大西洋でのアメリカの軍事的な覇権を確立させることになる。

ドイツがヨーロッパで破竹の進軍を続けている間、アジアでは日本と中華民国の戦闘が継続していた。ドイツと日本の動きを警戒するアメリカは、1939年11月に中立法を改正して交戦国への武器輸出を解禁し、英仏と中華民国を積極的に支援した。

アメリカから多くの資源を輸入していた日本は、中華民国に友好的なアメリカとの関係悪化によって石油や鉄の確保が困難になることを想定し、東南アジアでの勢力拡大を図る。その第一歩として、フランス降伏後の１９４０年9月に仏領インドシナ（現在のベトナム）に軍を駐留させ、ヴィシー政権との協定によって同地を実質的な占領下に置く。この行為は、アメリカの反発をさらに強めることになる。

☆ローズヴェルトが三選を果たし参戦へ向かうなかで揺れる国論

アメリカに戦火の危機が迫るなか、ローズヴェルトは国民の広範な支持を得るため、敵対する共和党の有力者を政府の要職に迎え、１９４０年の大統領選挙に当選した。アメリカ史上における大統領の三選はこれが初となる。

再選されたローズヴェルトは、中立のまま、連合国を支持する反ファシズムの立場を明確にしていく。１９４１年1月、恒例の一般教書演説で、アメリカは独裁国家の脅威から世界の民主主義国の「４つの自由」（言論および表現の自由、信教の自由、欠乏からの自由、恐怖からの自由）を守ると述べた。これは、孤立主義を脱して戦争に介入するアメリカの大義として、第二次世界大戦後まで引き継がれることになる。

国際情勢がどのように転ぶかわからない状況下、国内諜報を担当する連邦捜査局（FBI）の長官ジョン・エドガー・フーヴァーは、アメリカ内にある日本、ドイツ、ソ連、さらに中立国ながら枢軸陣営と密接なスペインやスイスの大使館や領事館を盗聴させていた。これは司法長官によって禁止された行為だったが、ローズヴェルトは容認した。

自国を「民主主義陣営の武器庫」と自認していたローズヴェルトは、1941年3月に武器貸与法（レンドリース法）を成立させ、イギリスや中華民国に戦車や戦闘機などを次々と引き渡した。これは間接的なアメリカの参戦ともいえる。

さらに、同年8月にローズヴェルトはチャーチルと会談し、第二次世界大戦後の国際社会を見据えた「大西洋憲章」を発表する。その内容は、戦争による領土の不拡大、民族自決、通商の自由、国際的な経済協力などで、のちの国際連合憲章の基礎となった。かつて第一次世界大戦後にウィルソンが発した「十四カ条の平和原則」を踏まえたものだが、今度は領土の不拡大が明文化されている。しかし、イギリスのインドをはじめとしたアジア、アフリカでの植民地支配は黙認された。

こうしたローズヴェルトの動きに対する、国民の反応はどうだったのだろうか。

アメリカ国内では、第二次世界大戦への参戦に反対する声も根強かった。その急先鋒《きゅうせんぽう》が、1940年9月に結成されたアメリカ・ファースト委員会だ。賛同者の幅は非常に広く、フォード社の創業者ヘンリー・フォードや、単独での大西洋横断を果たした飛行家チャールズ・リンドバーグなど、各界の著名人も参加している。この団体の基本的な主張は孤立主義の維持で、必ずしも明確な親ドイツ派ではなかったが、会員にはナチスを擁護する反ユダヤ主義者も含まれていた。

その一方で、政財界や民間には参戦を唱える声も少なくなかった。雑誌の『TIME』『LIFE』などを発行してメディア界に大きな影響力をもつ実業家のヘンリー・ルースは、1941年2月に「アメリカの世紀」という論説を発表し、アメリカが孤立主義を脱して参戦し、民主主義陣営のリーダーとなることを強く説いた。

スターリンの不意を突いた独ソ戦の開始

「ヒトラーめ、よくも裏切ったな」——1941年6月22日、スターリンは愕然《がくぜん》とした。ドイツが独ソ不可侵条約を破棄し、いきなりソ連に侵攻してきたのだ。

1939年8月に独ソ不可侵条約が結ばれていたが、翌年の夏、ヒトラーはソ連への侵攻準備を命じていた。ヒトラーがこの戦争を起こした目的の1つは、ユダヤ＝ボルシェヴィズムの根絶だった。ナチス政権は共産主義を敵視し、ユダヤ人と同じようにロシア人を含むスラブ人も劣等民族と見なしていたので、ソ連の征服はドイツの既定方針だったといえる。実際にドイツによるソ連侵攻の兆候は、各国の諜報網に察知されていた。ソ連のスパイとしてドイツの新聞社に属しつつ日本で活動していたリヒャルト・ゾルゲや、イギリスのチャーチルも、スターリンに対して、ドイツがソ連に侵攻する日は近いとの情報を与えている。

ところが、スターリンは諸外国や対外諜報機関の声を無視していた。スターリンは、ドイツが東西両面で戦端を開くのは現実的ではないという希望的観測に溺《おぼ》れていたようだ。ソ連軍は1930年代後半の大粛清によって弱体化し、フィンランドとの戦争でも大打撃を受け、ドイツ軍と戦うには不利な状況だった。ドイツ軍は330万人の兵力を投入し、バルト海周辺の北部、ベラルーシからモスクワに向かう中部、黒海周辺の油田地帯を狙った南部の三方向から同時に進撃し、開戦から1週間で400キロメートルも進軍して占領地域を次々に広げた。

空前の国難にスターリンはうろたえたが、1941年7月3日に国民に向けたラジオ放送で、祖国の危機に際して「レーニンとスターリンの党」の下に結集することを呼びかける。そして、命令系統を一元化するため、共産党、政府、軍、秘密警察の幹部による国家防衛委員会（GKO）が組織され、スターリンみずから軍の最高指揮官に就任した。

ロシアでは、第二次世界大戦を「大祖国戦争」と呼ぶ。これはかつて、１８１２年にナポレオンがロシアに侵攻してきたときの戦いが、「祖国戦争」と呼ばれることにちなんでいる。スターリンは国民や将兵の戦意を鼓舞するため、共産主義よりもソ連諸民族の愛国主義（パトリオティズム）に訴えた。18世紀にロシアを強大化させたピョートル大帝の肖像画を軍司令部に掲げ、祖国戦争のときに活躍した将軍ミハイル・クトゥーゾフをはじめ、帝政時代の英雄の名をたびたび引き合いに出している。

ソ連軍では共産党から派遣された政治将校が現場の軍人の行動に口を挟み、軍にはこれに不満を抱く者も少なくなかった。スターリンは、第二次世界大戦において政治将校の権限を弱めた。一党独裁の体制でも、戦争遂行のため軍に妥協せざるをえなかったのだ。

なお、フィンランドもドイツ軍に同調して失地回復を図り、独ソ戦と同時に第2次ソ連＝フィンランド戦争（継続戦争）が起こった。フィンランドはイギリスやアメリカとは敵対しなかったが、１９４４年9月にソ連との和平に応じるまで枢軸国に属した。

独ソ戦の開始に伴い、アメリカはソ連を武器貸与法の対象とした。第二次世界大戦中はソ連軍がアメリカの戦車や戦闘機を使用していたのだ。とはいえ、ソ連軍の圧倒的な劣勢は覆せず、１９４１年の1年間だけで３８０万人もの兵士がドイツ軍の捕虜となり、レニングラードはドイツ軍によって包囲され、10月にはドイツ軍がモスクワのすぐ手前にまで迫ってきた。スターリンは首都に踏みとどまったが、軍需工場などの施設の多くが内陸部に疎開する。

ヒトラーは、ロシア人を駆逐して東方に広大なドイツ人の生存圏（入植地）を確保することを構想していた。そのため、占領地では大量の住民が虐殺され、容赦なく食料や物資が収奪された。スターリンは食料や物資が敵の手に渡ることを避けるため、軍が退却するときに自陣を焼き払ってドイツ軍の利用を妨害する「焦土戦術」を採る。これによって、ソ連の民間人には膨大な犠牲者が出た。第二次世界大戦での軍人と民間人を合わせた各国の戦死者数を比較すると、イギリスは約45万人、アメリカは約42万人、ドイツは約700万人、日本は約300万人、中華民国は1000万人以上とされるが、ソ連は2000万人以上とずば抜けて多い。

米 世界規模に広がった戦場と米ソ協調体制の確立

「モスクワの陥落は間近か？」と思われていた1941年12月8日、遠く離れた太平洋では、日本がアメリカとイギリスに宣戦を布告した。日本海軍の艦隊はハワイの真珠湾にあったアメリカ軍基地を奇襲し、陸軍は英領マレーに侵攻する。

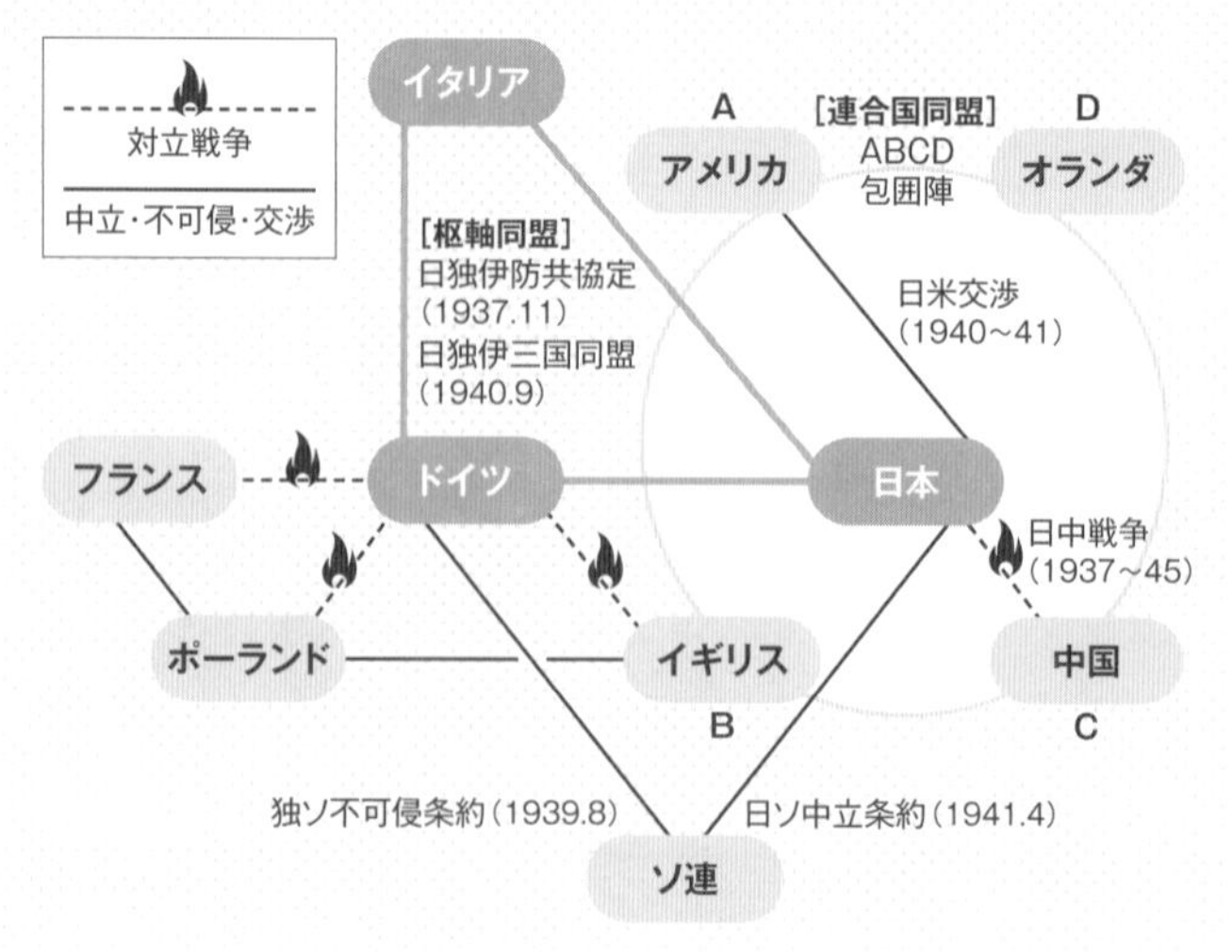

第二次世界大戦開戦時の国際関係。

ここに至るまで、日本とアメリカの間では関係改善を目指した外交交渉が繰り返されていたが、合意は得られず、日本の陸海軍は対米英戦争の準備を進めた。一方で、ドイツと協調してソ連と開戦する「北進論」も唱えられたが、中華民国との戦闘のために石油や天然ゴムといった資源の確保を目的とした「南進論」が優勢となる。同年11月、アメリカは日本政府に「ハル＝ノート」を突き付けた。その内容は、日本が1931年の満州事変以後に獲得した権益をすべて放棄し、仏領インドシナと中国大陸から完全に撤退することだった。日本側はこれを拒絶し、12月1日の御前会議で開戦を決定した。

「これで、我々はみな同じ舟に乗ったということになります」

真珠湾攻撃の直後、ローズヴェルトはチャーチルからの電話に答えてこう語ったという。日本に続いてドイツもアメリカに宣戦し、第二次世界大戦は、ヨーロッパ、大西洋、北アフリカ、アジア、太平洋に波及した文字どおりの世界戦争となる。

日米開戦より前に大西洋ではすでに、アメリカ海軍がイギリスの艦艇を護衛し、ドイツ軍の潜水艦と敵対する事態がたびたび起こっていた。つまり、放っておいても米独開戦の可能性は高まりつつあったのだ。ヒトラーもそれを見越して、あらかじめ日本に対して対米戦争での相互協力を約束していた。

ローズヴェルトにとって、日本が先に手を出した形で大戦に参戦することになったのは好都合だった。「ファシズム勢力から民主主義を守る」という美名の下に国民が一致団結し、開戦の翌月、ローズヴェルトの支持率は84％にも及んだ。軍需産業がフル稼働することによって、アメリカの工業生産指数は世界恐慌の時期の2倍にも急上昇し、失業者は一掃された。戦時下では、日本からの生糸の輸入が絶えた代わりに化学繊維の開発が進んだほか、軍需と関連する航空機、電子機器などの工業分野が急速に発展し、戦後のアメリカ企業の海外進出をもたらすことになる。

かくして、アメリカとソ連は枢軸国陣営を敵として、ともに戦う仲間となった。もっとも、相互の不信は消えず、水面下で味方同士の出し抜き合いが行なわれることになるのだが。

米ロ 「民主主義」の名の下に行なわれる世界支配

日本が米英と開戦した直後、イギリスの外相アンソニー・イーデン（のちの首相）はソ連を訪問してスターリンと協議の場を設けた。この席上でスターリンは早くも戦後の国際秩序について持論を述べ、独ソ開戦前にソ連が行なったバルト三国とベッサラビア（現在のモルドバ）の併合を認めるよう要求する。イーデンはこれを断ったうえで、戦後の国際秩序の形成についてはアメリカも関与することを提案した。

同時にスターリンは、独ソ戦が続くヨーロッパ東部戦線に対し、米英が西欧に「第二戦線」を開いてドイツを東西から攻撃することを求めた。とはいえ、アメリカは太平洋での日本との戦闘に追われ、イギリスも国力が不十分だったので、西欧でのドイツに対する本格的な反攻作戦の決行は、それから2年半も先のことになる。この間にソ連は甚大な被害を受け、スターリンは米英への不信感を抱く。これは戦後の米ソ対立の遠因にもなった。

1942年に入る前後、ソ連領内を破竹の勢いで進むドイツ軍の勢いが鈍る。「冬将軍」

と呼ばれるロシアのすさまじい寒波を前にして、動けなくなる将兵が続出したのだ。やがて春の雪解け以降には激戦が再開される。それは恐ろしい殲滅《せんめつ》戦となった。

スターリンには目算があった。敵は広大なロシアの奥地に進軍するうちに、いずれ兵器や食料、燃料などの補給が追い付かなくなる。そこで弱った敵を撃退するという方針だ。これは、19世紀にナポレオンが侵攻してきたときの戦術を踏まえたものだった。

戦闘が長期化するなか、1943年5月、ソ連は米英との関係を良好にするため、海外の共産主義者を指導するコミンテルンを解散した。もっとも、以降もソ連は各国の共産党員を利用した情報網を活用し続ける。また、ロシアでは革命後も共産主義の掲げる無神論に反発する民衆が少なくなかったが、スターリンは教会や信徒の戦争協力を得るため、同年9月にセルギイ・ロシア総主教と会見し、正教会との協調関係を結ぶ。

太平洋戦線では、1942年6月のミッドウェー海戦でアメリカ海軍が日本の空母4隻を撃破し、日本軍の進撃をストップさせる。翌年2月、米英の連合軍は、激闘の末に日本軍を英領ソロモン諸島のガダルカナル島から撤退させる。アメリカの戦意の高さの一因には、アジア人への人種憎悪もあった。戦時下のアメリカでは、黒人や先住民も大量に軍に徴用され、結果的にマイノリティの地位向上につながった面がある。しかし、日系移民は徹底的に敵視され、12万人以上が収容所に隔離された。

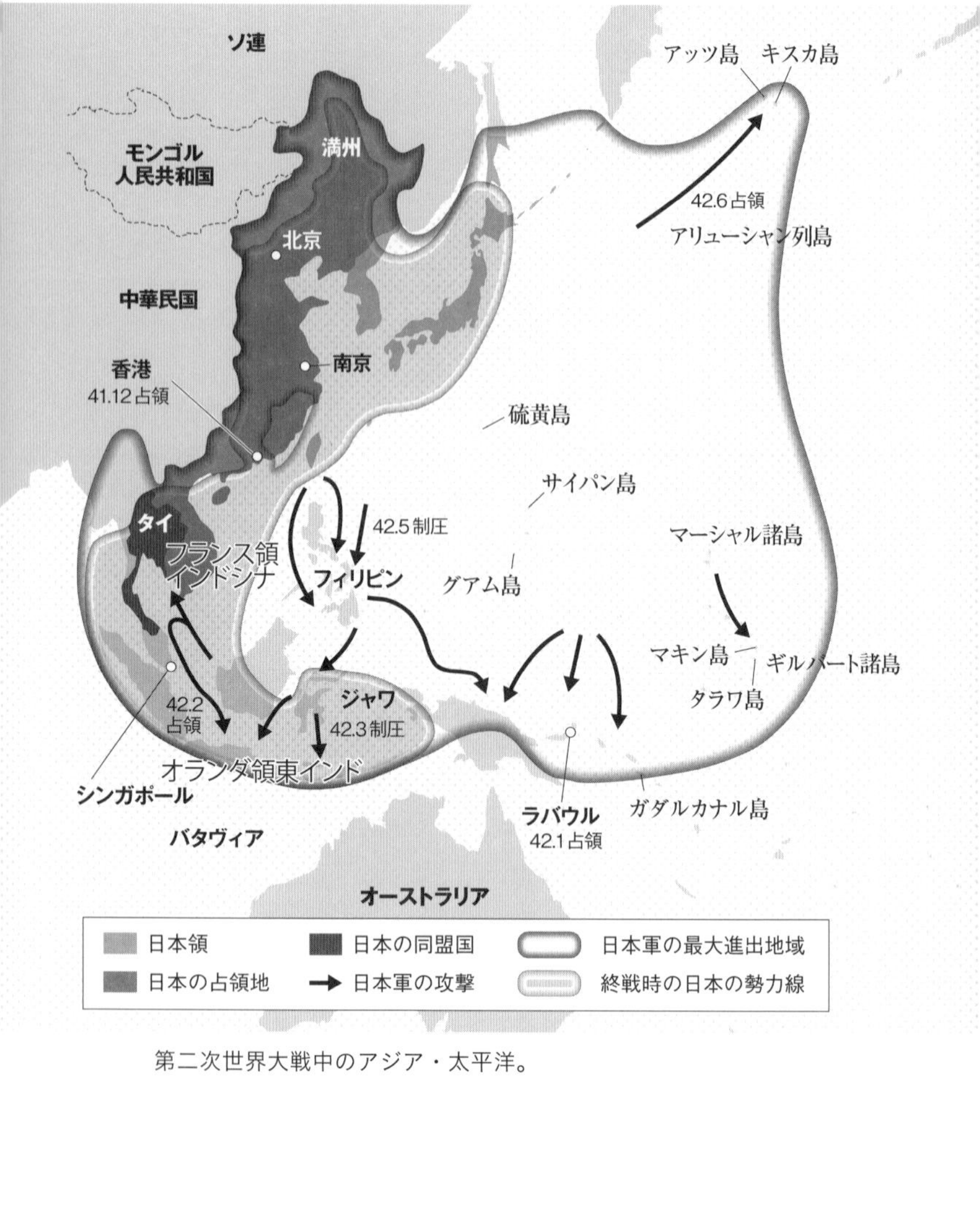
ソ連
アッツ島
キスカ島
モンゴル人民共和国
満州
42.6占領
アリューシャン列島
北京
中華民国
香港
41.12占領
南京
硫黄島
サイパン島
42.5制圧
タイ
フランス領インドシナ
マーシャル諸島
フィリピン
グアム島
マキン島
ギルバート諸島
タラワ島
42.2占領
ジャワ
42.3制圧
オランダ領東インド
シンガポール
ラバウル
42.1占領
ガダルカナル島
バタヴィア
オーストラリア
日本領
日本の同盟国
日本軍の最大進出地域
日本の占領地
日本軍の攻撃
終戦時の日本の勢力線

第二次世界大戦中のアジア・太平洋。

ヨーロッパ東部戦線では、最大の激戦地となったソ連南部のスターリングラード（現在のヴォルゴグラード）で、約7カ月に及ぶ死闘を経て、1943年2月にドイツ軍が降伏した。また、同年5月までには、北アフリカ戦線で連合軍がドイツ軍とイタリア軍をエジプト、リビア、チュニジアから撤退させた。以降は連合軍が地中海を掌握する。

こうして連合国が優勢に転じるなか、1943年1月、ローズヴェルトとチャーチルはモロッコでカサブランカ会談を開く。この席上でローズヴェルトは、枢軸国に「無条件降伏」を求めると主張したが、チャーチルは、かえってドイツや日本の強い抵抗を招くと反発した。これに対しローズヴェルトは、19世紀のアメリカ南北戦争のとき、北軍のユリシーズ・グラント将軍が南軍に無条件降伏を求めたことを引き合いに出し、枢軸国を打倒したあと、占領下に置いて民主化を行なう必要があると力説したという。実際に南北戦争では、南部地域に対する徹底した殲滅戦が行なわれ、降伏後の南部は、連邦政府（北部）に従うように厳しく指導された。この方針は、民主主義の名の下にアメリカによる世界支配を正当化する理論に転じ、第二次世界大戦後、日本を手始めに、中南米、ベトナム、アフガニスタンなどに適用されていく。

米英にとって、連合軍が優勢に転じてもなお、ドイツが占領する西欧への反攻は困難だった。そこで、ローズヴェルトとチャーチルは、ドイツより弱体なイタリアの攻略にかかる。イタリアはドイツに引きずられて大戦に参加したものの、戦果は少なく、すでにムッソリーニは国民の支持を失っていた。連合軍はシチリア島を経由して1943年9月にイタリア本土に上陸し、ほどなくイタリアは降伏する。だが、ドイツ軍はムッソリーニを救出し、イタリア北部はなおもファシスト勢力の支配下に置かれた。

先のカサブランカ会談の方針を踏まえたうえで、同年11月にはエジプトで、ローズヴェルト、チャーチル、蔣介石《しょうかいせき》の三者によるカイロ会談が開かれ、対日戦争についての方針が決定される。続けてイランで、ローズヴェルト、チャーチル、スターリンの三者によるテヘラン会談が開かれ、ヨーロッパでの第二戦線の構築、終戦後のポーランド国境の再設定、そしてソ連の対日参戦についての方針が話し合われた。

1944年6月6日、米英を中心とする連合軍は満を持して、ドイツ占領下のフランスに大部隊を侵攻させる。ノルマンディー上陸作戦の決行である。7月末までに投入された兵力はじつに130万人以上に及び、ド・ゴールの率いる自由フランス軍、フランス国内のレジスタンスとの連携によって、8月にはパリが解放された。

スターリンが待ちに待った第二戦線の実現によって、東部戦線のソ連軍は勢いづいて反攻に転じた。ドイツ軍は、東西両面で大規模な戦闘にさらされることになったのだ。

同時期の太平洋戦線では、アメリカ軍がマリアナ諸島を占領し、ここを拠点に日本への大規模爆撃が展開される。もはや東西で枢軸陣営の敗北は目前に迫りつつあった。

米ロ　原爆開発と戦時下のスパイ活動

「少量の精製されたウランがあれば、1発で大都市を破壊できる爆弾がつくれる」

　第二次世界大戦の初期から、各国の物理学者と一部の軍人の間では、そんな話がささやかれていた。戦時下のアメリカ、イギリス、ソ連、ドイツ、日本はそれぞれに、戦局を打開する超兵器となりえる原子爆弾の研究に着手している。

　アメリカでは1942年8月、ローズヴェルトじきじきの命令で原爆を開発する「マンハッタン計画」が開始される。ユダヤ系の物理学者ロバート・オッペンハイマーが中心人物となり、イタリア出身のエンリコ・フェルミ、ハンガリー出身のレオ・シラードなど、ナチスの迫害を恐れてアメリカに亡命したユダヤ人科学者が数多く参加した。イギリスは当初、独自に原爆開発を進めようとしたが、途中から全面的にアメリカに協力する。

　ドイツに占領されたノルウェーの南部には原子炉に使用される重水の工場があったが、1943年2月、イギリス軍に協力するノルウェー人の特殊部隊がこの工場を破壊する。これにより、ドイツの原爆開発はきわめて困難となった。日本も理化学研究所に属する物理学者の仁科芳雄《にしなよしお》を中心に原爆開発を進めたが、ウランの収集と精製に難航し、ほとんど成果を上げることができなかった。

ソ連でも物理学者のイーゴリ・クルチャトフを中心に、1942年9月から本格的に原爆研究が開始される。だが、アメリカとは異なり、自国が戦場となったソ連では資金や物資、人材を十分に確保できなかった。しかも、スターリングラード攻防戦のあと、アメリカとイギリスはソ連へのウラン供給を停止してしまう。そこで、ソ連は海外のスパイ網を活用して、アメリカの原爆開発の情報を集めた。マンハッタン計画に動員された職員は13万人にも及び、有能な人物であれば前歴を確認せずに採用されたため、共産党員やソ連に共感する者も含まれていた。

ソ連への情報提供者の幅は非常に広く、ドイツからイギリスを経てアメリカに逃れたユダヤ系の物理学者クラウス・フックス、ユダヤ系アメリカ人の技師ジュリアス・ローゼンバーグ、ユダヤ系アメリカ人の物理学者セオドア・ホールなどが知られている。こうした人々の多くは、まだソ連でのスターリン独裁の内実が知られていなかった時期に共産主義に共鳴した人々で、ソ連こそがナチスを打倒するという期待や、アメリカが原子力を独占した軍事大国になることへの疑念からソ連の協力者となった。

戦前にソ連が築いたスパイ網の代表格が、イギリス秘密情報部に属しつつソ連に通じていたキム・フィルビーら、「ケンブリッジ・ファイヴ」と呼ばれたケンブリッジ大学出身の5人のイギリス人で、いずれも政府の要職を務めるエリートだった。彼らも青年期に共産主義に共鳴していたことから、ソ連の協力者となっている。この時期のソ連によるスパイ活動の全貌は、アメリカとイギリスが冷戦期に収集したソ連の暗号通信記録（ヴェノナ文書）が１９９０年代に公開されて以降、知られることになった。

一方、戦時下のアメリカの諜報活動はずさんだった。アメリカは孤立主義の立場から、長らく国外諜報の専門的なスパイ組織をもたなかった。１９４２年6月、軍の統合参謀本部に属する戦略諜報局（ＯＳＳ）が設立され、のちの中央情報局（ＣＩＡ）の前身となる。だが、職員はもっぱらエリート層の文官で、諜報の実務経験に乏しかった。加えて、長官のウィリアム・ドノヴァンは、前歴を問わずに職員を採用したので、マンハッタン計画と同じく、ＯＳＳにもソ連への情報提供者が潜入していた。これに対し、ＦＢＩは１９２０年代から国内諜報と防諜に関しては一定の実績を積んでいたが、ドイツや日本に対する警戒が優先され、ソ連の諜報網への対応は不十分だった。

ＯＳＳとＦＢＩとの仲の悪さと双方の独断専行は、アメリカの諜報活動の足を引っ張った。１９４３年12月、ドノヴァンは大統領に相談なくソ連と交渉し、対ドイツ諜報活動のためＯＳＳがモスクワに、ソ連のＮＫＶＤがワシントンに連絡事務所を開く計画を進めた。

この情報をつかんだＦＢＩ長官フーヴァーは、「ドノヴァンがアメリカ国内でソ連のスパイを自由に歩き回らせようとしている」と主張してやめさせたという。

こうした米ソの水面下での諜報戦を経ながら、マンハッタン計画のチームは、１９４５年7月、ニューメキシコ州ロスアラモスの砂漠で原爆実験に成功する。そして8月6日に日本の広島に、8月9日には長崎に原爆が投下された。その威力は恐るべきもので、広島では約13万人、長崎では約8万人が死亡した。このとき、大戦の勝敗はすでにほぼ決していたが、ローズヴェルトから大統領の座を継いだハリー・Ｓ・トルーマンは、国際的な影響力を強めつつあったソ連への牽制《けんせい》のため、原爆投下を指示したといわれる。

スターリンはアメリカが原爆を独占する状態を強く警戒した。ソ連国内ではウランが発見できなかったので、第二次世界大戦後、共産主義圏に組み込まれたチェコスロヴァキア、東ドイツ、ブルガリア、北朝鮮などでウランの探索を行なわせる。さらに、アメリカから盗み取った情報と、終戦前後に確保したドイツ人科学者たちを利用することで、アメリカより4年遅れて、１９４９年8月にようやく原爆実験に成功する。

米ロ

戦後の覇権を巡るテーブルの下での争い

アメリカのニューハンプシャー州北部にあるブレトン＝ウッズは、ワシントン山に面し、スキー場やゴルフ場の広がる人気のリゾート地だ。連合軍がフランスに上陸した直後の1944年7月、ここで連合国に属する45カ国の代表によるブレトン＝ウッズ会議が開かれた。戦後の国際的な経済と金融の枠組みはこの席上で決まった。

会議の趣旨として、1929年に起こった世界恐慌のあと、世界の主要国が閉鎖的なブロック経済政策を採り、それが連合国陣営と枢軸国陣営の対立を招いたことへの反省があった。このため、国際的な金融協力や外国為替相場の安定を図る国際通貨基金（IMF）と、戦災復興を支援する国際復興開発銀行（IBRD、世界銀行ともいう）の設立を決定する。

さらに、アメリカのドルの価値の裏付けとして「金1オンス（28・3495グラム）＝35ドル」と定めたうえで、ドルを基軸通貨とした固定為替相場制が採られることになる。各国の通貨とドルの交換比率（為替相場）を一定にすることで経済の安定と貿易の発展を図る仕組みだ。これで名実ともにアメリカが世界経済の中心となった。

これらの方針をまとめたものが「ブレトン＝ウッズ協定」だ。会議の参加国はそのほとんどが協定に合意したが、ソ連は第二次世界大戦での被害が大きかったことから、ＩＭＦと世界銀行への拠出金の減額を求め、ＩＭＦ運営のため自国の経済に関する情報を公開することにも抵抗した。結局、ソ連は協定に調印したものの批准《ひじゅん》はせず、ＩＭＦにも世界銀行にも参加しなかった。そして、戦後は独自の経済圏を形成していく。

ブレトン＝ウッズ会議後の１９４４年後半、ヨーロッパ東部戦線ではソ連軍が大規模な攻勢に出る。枢軸国に属していたルーマニア、ブルガリアでは親独政権が倒され、ソ連軍に制圧される。ユーゴスラヴィアでは、共産主義者のパルチザン指導者ヨシプ・ブロズ・ティトーが、アルバニアではエンヴェル・ホッジャが、ソ連と連携しつつ独力で枢軸軍から国土を解放しつつあった。

こうしたなか、チャーチルとスターリンは、同年10月にモスクワで会談し、戦後の東欧でのイギリスとソ連のおおまかな勢力配分を定めた。これは「パーセンテージ協定」と呼ばれ、ルーマニアはソ連が90％・イギリスが10％、ギリシアはイギリスが90％・ソ連が10％、ユーゴスラヴィアとハンガリーは両国が各50％、ブルガリアはソ連が75％・ほかの諸国が25％とされた。この協定にローズヴェルトは参加しておらず、当事国の合意もなかったが、チャーチルの言質《げんち》の下、スターリンは東欧の支配を進めることになる。

ヤルタ会談でのチャーチル、ローズヴェルト、スターリン（前列左から）。

劣勢となったドイツは、ソ連内で共産党政権に反発する勢力を集めたロシア解放軍、ウクライナ解放軍などを組織するが、大きな戦果はなかった。一部のウクライナ独立主義者はナチスと協力関係を結び、これは後年、ロシアのプーチン政権による２０２２年のウクライナ侵攻にも影響を与える。

一方でドイツ軍に抵抗したウクライナ人も多く、１９４１年夏に組織されたウクライナ蜂起軍（ＵＰＡ）は当初、ドイツ軍と連携してソ連軍と戦ったが、戦争末期になると独ソ両軍と戦った。

連合国が完全に優勢となった１９４５年２月、ソ連のクリミア半島にある保養地ヤルタに、ローズヴェルト、チャーチル、スターリンが集まり、ヤルタ会談を開く。この席上で戦後の国際秩序が話し合われ、3人の首脳は連合国を中心とした国際連合の設立と、アメリカ、イギリス、ソ連、フランスの4国によるドイツの分割占領に合意した。

議論が難航したのが、前年のパーセンテージ協定に含まれなかったポーランドの問題だ。戦前までのポーランドはイギリスに亡命政府を組織しており、ソ連がポーランド内で成立させた共産主義政権のいずれを正当な政府とするかで意見が対立していた。最終的に、ローズヴェルトの提案で戦後に国民投票を実施して決める妥協案にまとまった。また、ポーランドの範囲は、カーゾン線と呼ばれる戦前の国境を変更し、東部地域をソ連に編入して、代わりに国土を丸ごと西に動かすことになった。

それから間もない1945年4月末、連合軍の侵攻によって、ドイツに支援されたイタリア・ファシスト党の残存勢力（イタリア社会共和国）は崩壊し、ムッソリーニはイタリア人のレジスタンス組織に殺害される。ヨーロッパの西からドイツに侵攻した米英軍と、東からドイツに侵攻したソ連軍は、ドイツ東部のエルベ川流域でついに合流した。両軍の兵士は握手して平和を誓い合い、これは「エルベの誓い」と呼ばれる。おそらく、最もアメリカとソ連が友好的だった瞬間だろう。ベルリンはソ連軍によってほぼ制圧され、ナチス総統ヒトラーは自殺して、5月8日にドイツは降伏する。

ロ 土壇場の対日参戦と幻の日本分割計画

ドイツ降伏後、連合国にとって残る敵は日本のみとなる。先のヤルタ会談では、ドイツが降伏した3カ月後にソ連も日本に宣戦する秘密協定が結ばれていた。しかも、かつて日露戦争で日本がロシアから獲得した南樺太《からふと》（サハリン）、旅順《りょじゅん》、大連《だいれん》ほかをロシアの継承国であるソ連に返還すること、千島列島をソ連に編入する（引き渡す）ことも合意されていた。

1945年4月、ソ連は1946年4月に満了になる日ソ中立条約の継続破棄を宣言した。条約にはあと1年間の有効期限があったので、日本では首相の鈴木貫太郎らが水面下でソ連を介して連合国との和平交渉を進めていた。しかし、その期待は裏切られることになる。

連合国では4月にアメリカでローズヴェルトが急死し、副大統領だったトルーマンが大統領に就任、イギリスでは7月の総選挙で労働党が勝利し、チャーチルは退任してクレメント・アトリーが首相となるが、対日戦の方針は変わらなかった。トルーマンとアトリー、そして蒋介石は7月にドイツのベルリン近郊にあるポツダムで会談し、日本に無条件降伏を求める「ポツダム宣言」を発表した。会談にはスターリンも参加していたが、日ソ中立条約がまだ有効だったので、ポツダム宣言には名を連ねていない。

日本側は、ポツダム宣言で降伏後の天皇の立場について明示されていないことから、回答を控えて黙殺の態度を採る。軍の上層部ではなおも徹底抗戦の意見が強かったが、8月6日には広島に原爆が投下され、甚大な被害が発生する。続いて8月9日、ソ連が対日参戦し、長崎にも原爆が投下される。ソ連は満州、南樺太、千島列島に侵攻してきた。満州に駐留する関東軍は、すでに大部分が南方に転出していたためほとんど無力で、60万人以上もの軍人や民間人が捕虜としてシベリアに連行され、強制労働に従事させられた。

2発の原爆投下とソ連の参戦、いわば米ソの挟み撃ちによって日本はとどめを刺された。政府は8月15日にポツダム宣言の受諾を発表し、終戦を受け入れる。

だが、ソ連軍による戦闘行為はこの後もしばらく続く。千島列島では、8月29日までにソ連軍が、北端の占守島《しゅむしゅ》から南端のウルップ島までの全域を占領した。これに前後して、別の部隊が9月3日までに、北海道とすぐ接する択捉島《えとろふ》、色丹島《しこたん》、国後島《くなしり》、歯舞《はぼまい》群島を占領する。現在まで日本政府が「北方領土」と呼んでいるのは、この択捉島、色丹島、国後島、歯舞群島の4島だ。ソ連は、「千島列島および歯舞群島、色丹島はソ連領である」と宣言し、1946年2月にはハバロフスク地方南サハリン州に編入した。

日本の降伏前には、ソ連、アメリカ、中華民国、イギリスの4国による日本の分割占領も検討されていた。この構想では、北海道・東北地方はソ連、関東・中部地方と三重県、沖縄県を含む南西諸島はアメリカ、四国は中華民国、中国・九州地方はイギリスがそれぞれに単独で占領し、東京市（現在の東京都23区）は4国の共同管理、近畿地方と福井県はアメリカと中華民国の共同管理となる予定だった。

ドイツは、アメリカ、イギリス、フランス、ソ連の4国による分割占領を受け、首都ベルリンは4国の共同管理とされた。のちに米、英、仏の占領地はドイツ連邦共和国（西ドイツ）、ソ連占領地はドイツ民主共和国（東ドイツ）となり、ベルリン市街のうち米、英、仏の占領地は、東ドイツ領内にある西ドイツの「飛び地」となる。日本も分割占領を受けていれば、ドイツと同じ分断国家となった可能性があったのだ。

しかし、トルーマンは、アメリカが占領軍の最高司令官を任命して主導権を握りつつ、他国と協調する方針を決定する。この背景には、アメリカとソ連の潜在的な対立があった。スターリンはこれに反発したが、１９４５年12月にモスクワで行なわれた米、英、ソの３国外相会議で、日本はアメリカ軍と少数の英連邦軍（オーストラリア軍、ニュージーランド軍など）が占領する代わりに、東欧はソ連の勢力圏とすることが決定した。

かくして長い大戦は終結したが、それは新たな戦いである米ソ冷戦の始まりも意味していた。ソ連（ロシア）にとって、大祖国戦争と呼ばれた第二次世界大戦での勝利は、ファシズム勢力からヨーロッパを解放したという美名によって、ソ連崩壊後もロシアの国際的な正当性とナショナリズムを訴える材料に利用されることになる。

3章

冷戦下の熱い戦い

社会主義（計画経済）VS資本主義（自由主義経済）

米ロ

国連発足の裏で進行した米ソの暗闘

アメリカとソ連の対立は、第二次世界大戦が終結する間際から始まっている。アメリカ大統領ローズヴェルト、イギリス首相チャーチル、ソ連書記長スターリンの3人は、1945年2月に行なわれたヤルタ会談で国際連合（国連）の設立に合意した。国連のなかでも、米、英、仏、ソ、中の5大国を常任理事国とする安全保障理事会（安保理）は、国際平和の維持に反する行動を取った国家に対し、軍事的な強制措置を決定できる重要な機関とされた。ローズヴェルトとチャーチルは、大国が紛争の当事国となった場合は安保理での評決を棄権すべきだと主張したが、スターリンは大国一致の原則を唱え、常任理事国は拒否権をもつという妥協案が採られる。

後年、この拒否権はたびたび国連の機能不全を招くことになる。たとえば、2022年2月、ソ連の代表権を継承したロシアによるウクライナ侵攻が起きると、国連安保理は非難決議を発動しようとしたが、ロシアは拒否権を行使した。

また、ソ連は複数の共和国からなる連邦国家であるため、スターリンはソ連構成国のすべてに国連での議席を与えるべきだと主張した。この問題に関しては、協議の末、ロシアと構成国の一員であるウクライナ、ベラルーシの3議席が与えられることになる。

ドイツの降伏に前後する1945年4〜6月、アメリカで国連の設立を決定するサンフランシスコ会議が開催され、連合国に属した50カ国が参加した。この席上、ポーランド代表の決定を巡って、さっそく米ソが衝突する。

当時のポーランドには、アメリカとイギリスの支援を受けていた亡命政府(戦前のポーランド政府)と、ソ連の支援を受ける労働者党、社会党、農民党などの政党が結集したルブリン政府の2つの政権が存在した。結局、ローズヴェルト大統領の外交顧問を務めていたハリー・ホプキンスがソ連を訪問し、スターリンとの交渉によって、ルブリン政府に亡命政府の幹部を参加させた連合政権とする妥協案が採られる。

国連は１９４５年10月24日に正式に発足した。ほどなくアメリカ議会は国連本部を自国に誘致することを決議する。一説によれば、これはアメリカの諜報機関が各国国連代表部の情報を盗聴するのに都合がよかったからだといわれる。国連本部ビルはニューヨークに置かれ、１９４８年9月に着工、１９５２年10月に完成した。

国連本部がニューヨークに置かれたことは、名実ともにアメリカが孤立主義を脱した象徴といえる。戦時中にアメリカの世論は大きく変化し、１９４１年の段階ではアメリカが国際機関に加盟することに賛成する国民は13％しかいなかったが、アメリカが連合国のリーダーシップを握るようになった１９４３年には68％に及んでいる。

ロ　東欧諸国を次々と手中に収めたスターリン

「バルト海のシュチェチンからアドリア海のトリエステまで、ヨーロッパ大陸を横切る『鉄のカーテン』が降ろされている」

イギリス首相を退任後のチャーチルは、１９４６年3月、アメリカのウエストミンスター大学での講演でこう語った。シュチェチンはドイツとポーランド、トリエステはイタリアとユーゴスラヴィアの国境に面し、その東側はソ連を中心とする共産主義陣営の勢力圏、西側はこれに対抗する自由主義陣営の勢力圏となる。この「鉄のカーテン」という言葉は、戦後に浮上した共産主義陣営と自由主義陣営の対立、すなわち東西冷戦を象徴するフレーズとして世界に広がった。

スターリンは、大戦末期にチャーチルと交わした「パーセンテージ協定」（86ページ）とヤルタ会談の内容を元に、戦後の東欧諸国をソ連の勢力圏に組み込んだ。枢軸国に属したハンガリー、ルーマニア、ブルガリアは、終戦間際に親ドイツ政権が崩壊した。戦後もソ連軍が駐留し、それぞれにソ連の支援を受けたハンガリー社会主義労働者党、ルーマニア共産党、ブルガリア共産党が政権を握る。

ポーランドは、米英の支援を受ける亡命政府と、ソ連の支援を受ける労働者党（共産党）の統一政府を樹立したが、しだいに軍や警察を掌握する労働者党が敵対勢力を排除して権力を独占する。労働者党の指導者ヴワディスワフ・ゴムウカはソ連とも距離を置こうとしたが、1948年9月に失脚し、親ソ連派が主導権を握った。

チェコスロヴァキアも、当初はアメリカとイギリスの支援を受けた亡命政府が帰国して、ソ連の支援を受けた共産党と協調した連立政権を運営した。やがて共産党が警察部門などの要職を掌握し、1948年2月に無血クーデタ（二月事件）を起こして政権を獲得する。

ユーゴスラヴィアは、ヨシプ・ブロズ・ティトーの率いるパルチザン勢力が、独力で枢軸軍から国土を解放し、戦後に共産党政権を築いた。戦時中にソ連の力をほとんど借りなかったティトーは、のちにスターリンと対立し、ソ連と距離を置くようになる。

アルバニアも同じく、エンヴェル・ホッジャの率いるパルチザン勢力が、独力で枢軸軍から祖国を解放し、戦後はアルバニア労働党が政権を握る。ホッジャは当初、ティトーに友好的だったが、コソヴォ地方の支配権を巡って対立し、ソ連に接近した。のちにソ連とも敵対し、共産主義陣営に属しつつ国際的に孤立した立場となる。

東西冷戦はアジアでも展開される。日本の植民地だった朝鮮半島は、戦後に北緯38度線で区分され、南部にアメリカ軍、北部にソ連軍がそれぞれ駐留した。１９４８年８月、南部にはアメリカの支援を受けた李承晩《イスンマン》を大統領とする大韓民国（韓国）が成立し、北部では翌月に、元ソ連軍将校で抗日闘争の指導者だった金日成《キムイルソン》を首相とする朝鮮民主主義人民共和国（北朝鮮）が成立して、南北でにらみ合いを続けることになる。

中華民国では戦後、日本という共通の敵がいなくなった結果、アメリカの支援を受けた蒋介石《しょうかいせき》の率いる国民党と、ソ連の支援を受けた毛沢東《もうたくとう》の率いる共産党の対立が再発し、国共内戦が起こった。最終的に共産党が勝利し、１９４９年10月に新国家の中華人民共和国を建国する。蒋介石は、１００万人以上もの国民党支持者とともに台湾に逃れた。

意外にも、現在はアメリカと関係が密接なイスラエルも、建国時にはソ連が深く介入していた。第二次世界大戦中、ソ連はナチス・ドイツと戦うため、自国や東欧のユダヤ人によるユダヤ人反ファシスト委員会を組織する。戦時中、ユダヤ人の有力な企業経営者や科学者の多くが連合国の勝利に寄与したので、これに応える形でソ連を含めた連合国は、中東のパレスチナにユダヤ人国家を建国することを支持した。とはいえ、これは現地に住むアラブ人の了承を得ないものだった。1948年5月にイスラエル建国が宣言されると、これを認めないエジプト、シリアほかの近隣アラブ諸国との間に第1次中東戦争が起こる。このとき、ソ連はイスラエルに武器を提供している。

ところが、イスラエルはソ連よりアメリカと関係を深めていく。キリスト教とユダヤ人が信仰するユダヤ教は、いずれも『旧約聖書』の世界観を共有し、キリスト教徒の間でもパレスチナは神がユダヤ人に与えた地と認識されていた。アメリカ国内のユダヤ人は、「ユダヤ人は共産主義と結び付いている」という偏見を脱するために、キリスト教徒と連携し、アメリカの政財界ではしだいに親イスラエル世論が強まる。

ソ連や東欧諸国でもイスラエルへの移住を希望するユダヤ人が多かったが、スターリンは自国民が外国と結び付くことを嫌い、一転してユダヤ人を敵視する。ユダヤ人反ファシスト委員会は解散させられ、ソ連共産党内部の派閥争いも絡んで多くの関係者が処分された。1951～53年にも、ユダヤ人医師団を中心としたグループが、ソ連共産党幹部暗殺の陰謀を企てたという口実で、大規模なユダヤ人弾圧が行なわれた。スターリンは戦時中にユダヤ人を利用しつつ、戦後はあっさりと切り捨てたのだ。

こうした動きを含めて、戦後のソ連国内では、大戦の勝利と世界的な共産主義陣営の拡大を背景に、スターリンの権威がさらに強まった。1947年には、旧ナチス協力者や少数民族の独立派と見なされた人々が、150万人もシベリアなど各地の強制収容所に送られた。その数は以降も増加し、1953年には250万人にも及んだ。

政府内では、秘密警察を統括するラヴレンチー・ベリヤ、戦時下に国家防衛委員を務めたゲオルギー・マレンコフ、政治委員としてスターリングラード攻防戦を監督したニキータ・フルシチョフらが有力者として台頭する。とはいえ、こうした共産党の最高幹部たちもまた、いつ粛清の対象となるかわからない恐怖の渦中にいた。

米 無神論との戦いを掲げた「トルーマン＝ドクトリン」の成立

「共産主義の拡大を封じ込めなければならない」――アメリカ政府内では、このような認識が急速に広がる。きっかけは1946年2月、モスクワのアメリカ大使館に赴任していた外交官のジョージ・ケナンが、本国に送った長文の電報だ。ケナンは東欧で急速に勢力を拡大するソ連の動きを正確に分析して、政府に警告した。

この頃、東欧諸国がソ連の実質的な支配下となるなか、ギリシアとトルコでもソ連の支援を受けた共産党が急速に勢力を伸ばしていた。第二次世界大戦中、イギリスはヨーロッパ各地で反ファシズムかつ反共主義の勢力を支援していたが、枢軸国との戦いに多くの資金や人材、武器を投入したことで、国力に余裕がなくなっていた。そこで、反共主義勢力を支援する役割は、アメリカに引き継がれることになる。

１９４７年3月、アメリカのトルーマン大統領は、ソ連に対抗するため、4億ドルの巨費を投じてギリシアとトルコへの経済的・軍事的な援助を行なうことを議会で訴える。トルーマンは、自由主義に対する共産主義の脅威を強調した。これには、無神論を掲げる共産主義が信教の自由を脅かすことも含まれ、アメリカ国内のキリスト教会関係者の多くは、トルーマンの方針を強く支持した。こうして確立されたソ連との対決姿勢は「トルーマン＝ドクトリン」と呼ばれ、ここから冷戦が本格化する。

同年6月、国務長官ジョージ・マーシャルの主導によって、アメリカが戦後のヨーロッパ諸国の復興に大規模な援助を行なう「マーシャル＝プラン」（欧州復興計画）を発表する。１００億ドル以上もの資金が投じられたが、支援金によってヨーロッパ諸国がアメリカの機械類や農産物を購入する形になり、アメリカ経済にも恩恵をもたらすものだった。ソ連とその勢力圏の東欧諸国は参加を拒否し、東西の分断が確定する。

旧枢軸国のドイツも米、英、仏の占領地域はマーシャル＝プランの支援対象となる。問題はソ連が占領する東部地域のなかにあるベルリンで、市街の西部のみが米、英、仏の占領する「飛び地」となっていたことだ。1948年4月、ソ連は西ベルリンと外部地域の境界線に検問を設置して交通を制限し、封鎖された西ベルリンは陸の孤島と化した。

「これで米、英、仏が西ベルリンから撤退するだろう」、ソ連側はそう期待したが、アメリカは西ベルリン市民と駐留部隊のため、大々的に物資の空輸を行なった。その回数は延べ27万回、輸送量は1949年春には1日あたり8000トンにも及んでいる。結局、米ソ両国の交渉を経てソ連が譲歩し、1949年5月にベルリン封鎖は解除された。

この直後、米、英、仏の占領地にドイツ連邦共和国（西ドイツ）が成立し、同年10月には、ソ連占領地でドイツ社会主義統一党が政権を担うドイツ民主共和国（東ドイツ）が成立した。東西ドイツはヨーロッパにおける冷戦の最前線となる。

この間にイギリス、フランス、ベルギー、オランダ、ルクセンブルクの西欧5カ国は、ソ連に対する共同防衛のため、1948年3月に西ヨーロッパ連合条約を結んだ。翌年には、これをさらに拡大させて、アメリカ、カナダ、イタリアなど計12カ国が参加する北大西洋条約機構（ＮＡＴＯ）が発足する。

こうした国際的な冷戦の進行は、同時期の日本にも影響を与えた。敗戦後の日本はアメリカの占領下で農地解放、財閥解体、女性の政治参加などの民主化が進められたが、アメリカは共産主義陣営の拡大を懸念して占領統治方針を改め、労働運動や共産党員の活動を厳しく取り締まるようになる。その反面で、軍国主義的と見なされて公職追放された元軍人や官僚の復権を許した。こうした一連の措置は「逆コース」と呼ばれる。

米 反共主義のためにはナチスの残党も利用

アメリカの西部劇には、ときおり、住民たちが保安官に頼らず自力で犯罪者を捕らえて制裁を加える場面が出てくる。このように、アメリカは開拓時代から政府機関の力が弱く、自由放任と地方分権を基本とする国家だった。ところが、冷戦の進行によって、共産主義に対する国際戦略のため、大統領府への権力集中が進む。

１９４７年７月、国家安全保障法が成立した。これにより、外交政策と国防政策を連動させるべく、大統領、副大統領、国務長官（諸外国での外務大臣に相当）、国防長官が参加する国家安全保障会議（ＮＳＣ）が設置される。また、陸軍と海軍、そして大戦後に成立した空軍を統合する国防総省と統合参謀本部が設立された。

スパイ映画で有名な中央情報局（ＣＩＡ）も、このとき発足した。第二次世界大戦中の諜報機関である戦略事務局（ＯＳＳ）は終戦直後に解散していたが、その人員や技術を引き継ぐ形で組織が編成された。アメリカでは陸軍、海軍、国務省がそれぞれに諜報機関をもっていたが、ＣＩＡはそれらを統合する大統領直属の機関だ。

ＣＩＡによる最初の海外での秘密工作といわれるのが、１９４８年4月に行なわれたイタリアでの選挙介入だ。終戦前後のイタリアでは、ファシスト党への抵抗運動を通じて共産党が急速に勢力を伸ばしていた。そこでＣＩＡは、カトリック教会を支持母体とし、反共主義を強く唱えるキリスト教民主党に巨額の選挙資金を提供した。

じつは、海外のカトリック教会とアメリカの諜報機関の間には、かねてより協力関係があった。終戦直後にＯＳＳは、旧ドイツ陸軍の情報将校ラインハルト・ゲーレンなど、ソ連事情に通じたナチス関係者の身柄を確保し、戦犯として裁判にかけることなく密かにアメリカへ移送し、ソ連に対抗する諜報活動に協力させた。反共主義のため、アメリカはナチス残党も利用したのだ。ゲーレンらを秘密裏にドイツから出国させるときには、ヨーロッパのカトリック教会関係者が手助けしたともいわれる。

19世紀から長らく孤立主義を採ってきたアメリカが、このように軍事面や諜報活動で海外への積極介入に転じた背景にあるのは、共産主義への脅威だけではない。それまで、アメリカは大西洋と太平洋に挟まれ、地理的にほかの大国から離れており、大きな戦争に巻き込まれる可能性は低いという前提があった。ところが、第二次世界大戦の末期には、長距離を飛行できる大型爆撃機や弾道ミサイルが実用化される。これらの兵器が進化すれば、いずれアメリカ本土が脅かされる可能性も否定できない。

こうした懸念から、アメリカの国防が強化されるなか、政府機関や軍と軍需産業に従事する民間企業が強く結び付いた「軍産複合体」が形成されていく。1950年代には、アメリカの国家予算のうち、軍事費が50%以上を占めるようになった。

国防重視と反共主義の思想は、アメリカ国内でもとくに南部から中部で強く支持された。この地域は、第二次世界大戦中から国防関係の公共事業で多大な利益を得ていた。たとえば、テキサス州のダラスは戦時下に軍用車や戦闘機の工場を誘致して発展した。ニューメキシコ州のロスアラモスには、マンハッタン計画に際して原爆開発の施設が築かれ、大量の科学者や軍人とその家族が移住したことで発展した。加えて、南部から中部では聖書の価値観を重視するキリスト教福音派の信仰が非常に根強かった。

アメリカ南部は保守的な気質から黒人差別の根強い地域でもあるが、意外にもトルーマン大統領は、1948年の選挙で軍内の人種差別を改善するなど、黒人の市民権向上を唱えている。じつは、これも反共主義への支持を得るためだった。

当時、１９４６年７月にフィリピンがアメリカから独立し、翌年８月にはインドがイギリスから独立するなど、アジアやアフリカでは民族自決権に基づく独立運動が進みつつあった。そのなかには、欧米大国による植民地帝国主義への反発から共産主義が台頭した地域もあり、ベトナムでは１９４５年９月にインドシナ共産党を率いるホー・チ・ミンがベトナム民主共和国の独立を宣言し、これを認めないフランスと敵対した。アメリカ国内での人種差別の改善には、有色人種の国家を味方に引き込む意図があった。

地図にない町でつくられたソ連の原爆

中央アジアで現在のカザフスタン北東部にある小都市のクルチャトフは、ソ連時代にはセミパラチンスクと呼ばれ、地図にない町だった。秘密の原爆開発施設が築かれたので、都市の存在ごと隠されていたのだ。１９４９年８月、同地でソ連は初の原爆実験に成功した。かくして、ソ連はアメリカに拮抗《きっこう》する核大国となる。

アメリカ側は、戦後の早い段階で、ソ連の諜報機関が原爆に関する機密を盗んでいたことに気付いていた。１９４５年９月、カナダの首都オタワにあるソ連大使館の職員イーゴ

1960年時点の北大西洋条約機構とワルシャワ条約機構
アイスランド
ノルウェー
スウェーデン
北海
デンマーク
ソ連
アイルランド
シュチェチン
イギリス
オランダ
ドイツ
民主
共和国
ポーランド
ベルギー
ドイツ
連邦
共和国
チェコスロヴァキア
ルクセンブルク
オーストリア
ハンガリー
スイス
フランス
ルーマニア
トリエステ
ユーゴスラヴィア
ブルガリア
イタリア
ポルトガル
アルバニア
スペイン
トルコ
ギリシア
地中海
北大西洋条約機構加盟国
ワルシャワ条約機構加盟国
鉄のカーテン

リ・グーゼンコが、カナダ当局に驚きの情報を暴露する。ソ連はすでに戦時中から幅広いスパイ網を築き、カナダのモントリオールで原子力の研究に従事していたイギリスの物理学者アラン・ナン・メイらが、ソ連に原爆の情報を流していたというのだ。アメリカの軍上層部は、ソ連の原爆保有はもはや時間の問題と考えていた。

ソ連は、こうして秘密裏に行なわれたスパイ活動と原爆開発に並行して、アメリカのトルーマン＝ドクトリンに対抗したさまざまな動きを進める。１９４７年９月、共産主義勢力の国際協力を図るため、コミンフォルム（共産党情報局）が結成された。ソ連と東欧各国の共産主義政党のみならず、フランス共産党、イタリア共産党も参加している。ただし、ユーゴスラヴィア共産党の指導者ティトーが指示に従わずに独自路線を採ろうとすると、スターリンは「ティトーは民族主義者の分派だ」と激怒し、１９４８年６月にコミンフォルムから追放した。

さらに、マーシャル＝プランの下でアメリカ、イギリス、フランス、イタリアなどの西欧諸国が経済的な結束を高めるのに対して、１９４９年１月にはソ連を中心とした経済相互援助会議（ＣＯＭＥＣＯＮ、コメコン）が結成された。ユーゴスラヴィアを除く東欧の共産主義諸国が参加し、後年にはモンゴル、キューバ、ベトナムも加盟する。なお、西欧諸国は、１９５８年１月にＣＯＭＥＣＯＮと対をなすヨーロッパ経済共同体（ＥＥＣ）を結成し、これがのちの欧州連合（ＥＵ）に発展していく。

アメリカと西欧諸国は、１９４９年４月に軍事同盟の北大西洋条約機構（ＮＡＴＯ）を結成したが、ソ連は東欧諸国と個別に同盟条約を結んでいた。だが、１９５５年５月に西ドイツのＮＡＴＯ加盟と再軍備が認められると、これに対抗する形で同月にソ連と東ドイツを含む東欧の８カ国は、軍事同盟のワルシャワ条約機構を結成する。

一方、自由主義陣営の西側諸国でも、ソ連を支持する共産主義者が急速に勢力を伸ばしていた。西ドイツやフランスなど、旧枢軸国とその占領地域だった国では、戦時下でファシズムに抵抗した共産党が復権し、イギリスほかの旧連合国でも大戦による国力の衰えから国民の生活は苦しく、政府への非難や労働運動が激化した。

これは敗戦によって旧来の権威が解体された日本も同じだった。終戦直後には、戦時中に逮捕・拘束されていた共産党員が釈放されて政治活動が自由度を増し、選挙では日本共産党が議席を伸ばした。当時は多くの高学歴層の学生が共産党に入党している。後年の読売新聞オーナーの渡邉《わたなべ》恒雄《つねお》、西武グループ代表の堤《つつみ》清二《せいじ》、日本テレビ社長の氏家《うじいえ》齊一郎《せいいちろう》、小説家の小松《こまつ》左京《さきょう》などもそうだ。

１９４７年の中頃から、占領軍はトルーマン＝ドクトリンを反映して共産主義への締め付けを強めるが、労働争議の激化は収まらなかった。とくに、映画会社の東宝では経営陣と組合の衝突が繰り返され、1948年8月には、撮影所に立て籠もった組合労働者を排除するため、1800人もの武装警官に加え、占領軍の兵士50人および4台の戦車、航空機まで動員され、「来なかったのは軍艦だけ」といわれた。

終戦直後にソ連は、満州、南樺太《からふと》、千島列島にいた数十万人もの日本の軍人と民間人を捕らえてシベリアや中央アジアで強制労働に従事させていた。不十分な食料や劣悪な生活環境のため少なくとも6万人が死亡したと推定される。ソ連は1946年から段階的に日本人捕虜を帰国させたが、それらの人々は、抑留されていた間に徹底して共産主義を教育され、帰国後は共産党に入党したり、ソ連の宣伝に従事した者も少なくなかった。ソ連は武力ばかりでなく、ありとあらゆる手段を共産主義の拡大に利用したのだ。

米　真偽不明のリストから広がった「赤狩り」

「国務省には大量の共産主義者がいる。私はそのリストをもっている」

1950年2月、アメリカの上院議員ジョセフ・マッカーシーは、ウェストバージニア州での共和党の集会でこう発言し、瞬く間に全米の注目を集めた。この爆弾発言に前後して、アメリカの政界、官界と文化人の間では、マッカーシー議員の名から「マッカーシズム」と呼ばれる共産主義者への弾圧（赤狩り）の旋風が吹き荒れる。

アメリカの下院では戦前、反体制的な人物を取り締まる「非米活動委員会」が設置されており、共産主義者と疑われた人物はこの委員会で厳しく追及された。マッカーシー議員の登場に先立ち、1947年から映画界では多くの人物が非米活動委員の追及を受けている。『栄光への脱出』『ジョニーは戦場へ行った』などの作品で知られる脚本家ダルトン・トランボをはじめ、「ハリウッド・テン」と呼ばれる10人の映画監督と脚本家は、非米活動委員会での証言を拒否したため議会侮辱罪で投獄され、1960年代まで映画界での活動を制限された。1953年の映画『ローマの休日』はトランボの原作によるものだが、公開時にはその事実は伏せられていた。

ウォルト・ディズニー・スタジオの創設者ウォルト・ディズニー、後年にアメリカ大統領となった俳優のロナルド・レーガンなど、ハリウッドにおける赤狩りに協力した著名人は多い。一方では、俳優のグレゴリー・ペック、ヘンリー・フォンダなど、政府による映画界への介入に反発し、ハリウッド・テンを擁護した者も少なくなかった。喜劇界のスターだったチャールズ・チャップリンは、非米活動委員会の活動を批判したために非難を浴び、1952年にロンドンへ渡航して以降、活動の場をヨーロッパに移している。

映画界に限らず、官庁、大学、出版社などでも次々と共産主義者が摘発された。すでに官界では、元共産党員のジャーナリストであるウィッテカー・チェンバーズによって、ローズヴェルト大統領の側近を務めた弁護士アルジャー・ヒスなどの政府関係者が、ソ連のスパイを務めていたことが暴露されていた。加えて、１９４９年９月に公表されたソ連の原爆保有、また１９５０年６月に起こった朝鮮戦争によって共産主義への警戒心はますます高まる。同年９月には、共産主義団体の政府への登録義務や、共産主義者の海外渡航禁止、入国拒否などを定めた国内治安維持法（マッカラン法）が成立した。

マッカーシズムの下で弾圧の対象となったのは、明確な共産主義者だけではない。過去に反戦を唱えたことがある平和主義者や、穏健なリベラル派も追及された。また、同性愛者や、人種差別に反対する者も「反米的」と見なされている。マッカーシーは民主党から共和党に転じた議員で、一連の赤狩りには、かつての民主党によるニューディール政策に関与したリベラル派の議員や官僚を非難して、選挙戦で共和党を有利にする意図もあった。実際に１９５２年の大統領選挙では、第二次世界大戦中の連合国最高司令官だったドワイト・D・アイゼンハワーが、共和党から出馬して当選している。

この時期の有名なエピソードが「ローゼンバーグ事件」だ。戦時中、マンハッタン計画に参加していた技師のジュリアス・ローゼンバーグと妻のエセルは、ソ連に原爆の情報を流した容疑で逮捕され、１９５３年６月に処刑された。この事件は証拠がエセルの弟の自白しかなく、ローゼンバーグ夫妻は一貫して無実を訴えたため、国内外で「冤罪《えんざい》ではないか」と非難された。それから時は流れ、冷戦終結後の1990年代にソ連の暗号通信記録（ヴェノナ文書）が公開された結果、夫妻は本当にスパイだったことが明らかとなる。とはいえ、死刑に値するほどの罪を犯していたかについては見解が分かれている。スパイ容疑での民間人の処刑はアメリカ史上でもきわめて異例で、当時のアメリカがいかに共産主義者を敵視していたかを象徴している。

原爆開発の中心人物だったオッペンハイマーも、親族に共産党員がいたことと、原爆に続く水素爆弾（水爆）の開発に異議を唱えたことから公職を追放された。ソ連と戦う諜報機関も疑われ、ＣＩＡの分析官ウィリアム・Ｐ・バンディは、ソ連のスパイだったアルジャー・ヒスの弁護活動に寄付したためにマッカーシーの標的となる。もっとも、バンディ自身がソ連のスパイという証拠は何も挙がらず、ＣＩＡ長官のアレン・Ｗ・ダレスがバンディを擁護したので、やむなくマッカーシーは引き下がった。

当時はアメリカでテレビが普及し始めた時期で、政治家の記者会見や赤狩りの対象となった人物の査問が放送されて多くの人々の耳目を集めた。こうした背景もあり、マッカーシズムは群集心理によって拡大し、公的な機関によるものばかりでなく、マスメディアやキリスト教系の民間団体などを通じて大衆の間にも広まった。

赤狩りを広めたマッカーシーは極度の大酒飲みで、所持している共産主義者のリストの人数も発言のたびに数字が大幅に変わり、言動にあやふやな点が多かった。こうした問題点に加えて、１９５３年12月にマッカーシーは陸軍内にもソ連のスパイがいると公言したが、十分な証拠がなかった。これは陸軍の猛反発を招き、陸軍元帥だったアイゼンハワーを敵に回すことになる。この頃には朝鮮戦争が休戦し、共産主義の脅威は落ち着いたと見なされ、ほかの政府関係者や議員も一転してマッカーシーを批判した。１９５４年12月には上院でマッカーシーを非難する決議が可決される。すっかり影響力を失ったマッカーシーは酒に溺れた生活を送り、それから3年後に病死した。

米ロ　朝鮮戦争を終わらせるため マッカーサー元帥が唱えた「原爆大量投入計画」

朝鮮半島を横切る北緯38度線。ここは自由主義陣営に属する大韓民国（韓国）と、共産主義陣営に属する朝鮮民主主義人民共和国（北朝鮮）の境界線だった。

１９５０年6月25日の早朝、北緯38度線の全域で、宣戦布告のないまま韓国軍と北朝鮮軍の武力衝突が起きる。朝鮮戦争の始まりだ。開戦直後はソ連製の兵器を大量に保有していた北朝鮮軍が優勢で、韓国の首都ソウルはわずか3日で陥落してしまう。

現在では、戦闘は北朝鮮の韓国への侵攻から始まったことが定説となっている。後年にソ連国家指導者の地位を継いだニキータ・フルシチョフの回想録によれば、開戦に先立つ1950年4月、北朝鮮首相の金日成はソ連を訪問してスターリンと会談し、武力による南北朝鮮の統一への支持を取り付けていたという。

一方、冷戦初期のアメリカはアジアよりヨーロッパを重視しており、韓国への支援は完全に後手に回っていた。アメリカは1949年12月にアジアにおける共産主義勢力に対する防衛ラインを策定したが、これに日本や旧米領のフィリピンは含まれていたものの、韓国と台湾は入っておらず、韓国に駐留する米軍は縮小されていた。情報収集の体制もお粗末で、CIAをはじめとする諜報機関には、韓国人や中国人の協力者がきわめて少なく、中国語や韓国語がわかるアメリカ人の職員も圧倒的に少なかった。

開戦後にアメリカ政府は北朝鮮を激しく非難し、国連安保理事会では、ソ連代表が不在のままアメリカを中心とする国連軍の派遣が決定された。国連軍の指揮官となったのは、連合軍最高司令官として日本を占領していたダグラス・マッカーサー元帥だ。国連軍は韓国南部の釜山《プサン》に上陸したのち、9月末にはソウルを奪還。そのまま10月には北朝鮮と中国の国境近くにまで進軍した。

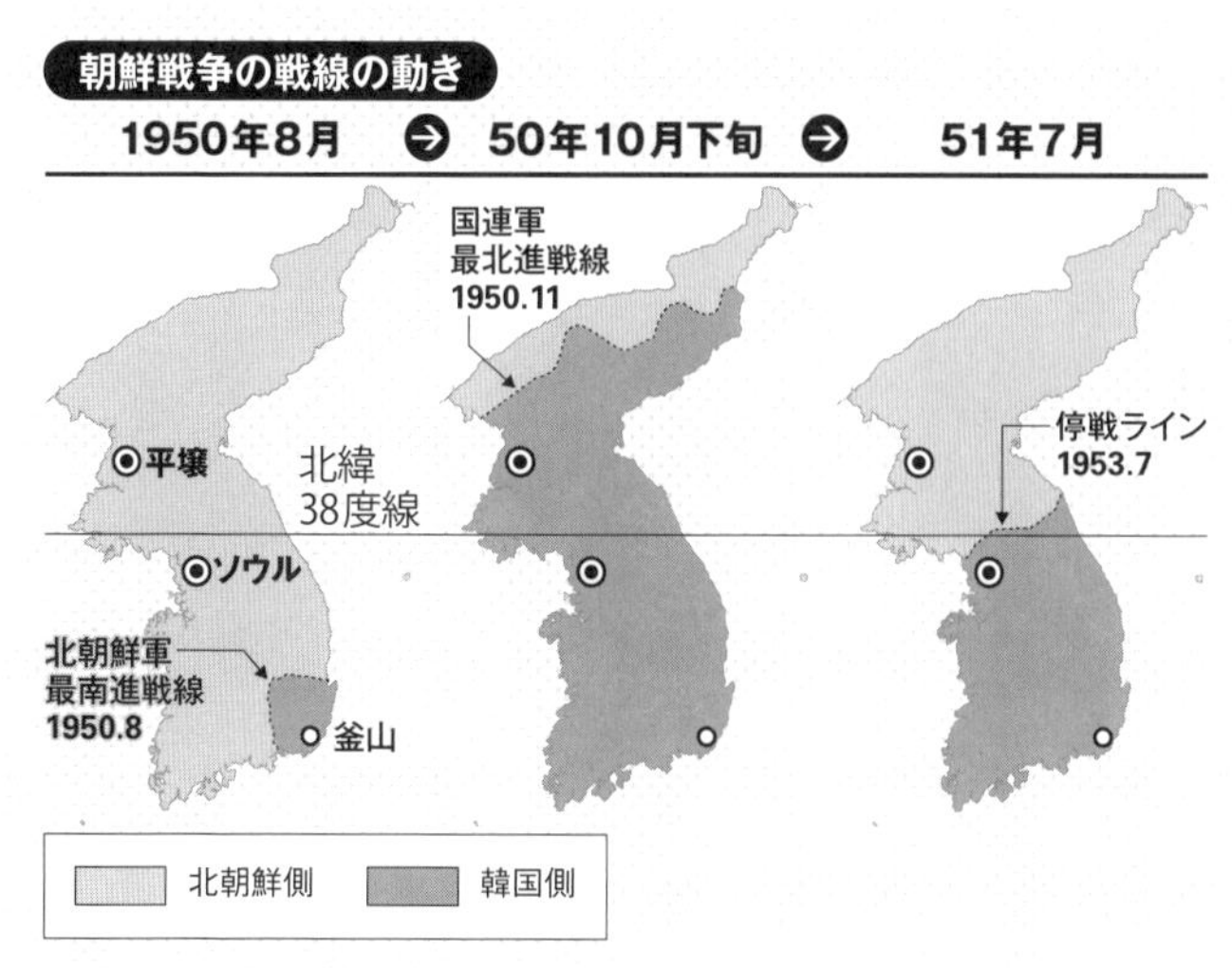

アメリカは朝鮮戦争へ30万人以上もの兵力を投入したが、ソ連は北朝鮮に航空隊や軍事顧問団を派遣したものの、規模は数万人でアメリカより少ない。スターリンもアジアよりヨーロッパを重視しており、共産主義陣営のなかでアジア最大の勢力である中国共産党を率いる毛沢東とも、あまり仲がよくなかった。毛沢東はアメリカ軍の北進に危機感を抱き、北朝鮮を支援する「抗美援朝義勇軍」を大量に派遣した（「美」はアメリカを指す）。以降は一進一退の長期戦になってゆく。

「こうなったら、核兵器を使用するしかない」

マッカーサーは、戦争を早く終結させるためこう主張した。その内容は、30～50発の原爆を投下して敵の空軍基地を壊滅させたうえで、中国と北朝鮮の国境地帯に有害な放射線を発するコバルトを大量に散布し、放射能汚染によって以降も60年以上にわたり敵の侵入を防ぐという、すさまじいものだった。トルーマンはソ連の報復を恐れて核兵器の使用に反対し、この意見衝突が原因で、マッカーサーは１９５１年４月に国連軍最高司令官の地位を解任された。

結局、同年中に韓国・国連軍と北朝鮮・中国軍が38度線の周辺でにらみ合った状態のまま双方とも動きを止め、停戦交渉が進められる。このとき、ソ連、中国、北朝鮮の足並みはそろわなかった。金日成は戦時中にソ連軍で教育を受けて抗日戦争に参加したものの、大部隊を率いた経験は乏しく、中国軍が派遣したベテラン指揮官の彭徳懐《ほうとくかい》が主導権を握っていた。金日成は具体的な戦略もないままソウルの占領にこだわり、彭徳懐は人命の損耗や補給が困難であると反対した。ソ連政府は「彭徳懐の意見に従え」と金日成をたしなめたという。金日成はおおいに不満だったようで、その後、北朝鮮内の親ソ連派と親中国派を粛清して独裁体制を固めている。

そんななか、１９５３年３月にはソ連でスターリンが急死し、ソ連、中国、北朝鮮は戦闘継続の方針を撤回する。同年7月、38度線近くの板門店《はんもんてん》で休戦協定が結ばれた。朝鮮戦争の犠牲者は韓国軍24万、アメリカ軍５万、北朝鮮軍と中国軍は合わせて１５０万人に及んでいる。休戦は成立したものの、21世紀の現在も法的には戦争状態が継続している。

朝鮮戦争は日本にも大きな影響を与えた。アメリカ軍が使用する物資を提供するため、大量の需要（特別需要）が発生し、経済界の復興につながったのだ。さらに、日本国内に駐留する米軍の多くが朝鮮半島に動員されたため、その穴埋めとして、占領軍の指示の下、警察予備隊が創設され、のちの自衛隊に発展していく。

そして、アメリカは日本をアジアでの「反共の防波堤」に育てるため、早期の対日講和を進めた。本来ならば、講和が成立すれば占領軍は撤退するはずだが、アメリカはアジアの共産主義勢力に対抗するため、講和条約とセットで日米安全保障条約を締結することによって、引き続き米軍が駐留できるようにした。

日本国内では、アメリカを中心とする自由主義諸国とのみ講和を結ぶ単独講和（片面講和）と、ソ連や中国も含めた交戦国のすべてと講和を結ぶ全面講和のいずれを採るか、激しい議論が巻き起こる。ときの首相である吉田茂は、アメリカの意向に沿った単独講和を断行し、１９５１年９月にサンフランシスコ講和条約が結ばれる。

現在の日本政府が主張する領土の範囲は、サンフランシスコ講和条約で確定されたことになっているが、講和会議に参加しなかった国々とは、その合意が得られていない。そのため、ソ連を引き継いだロシアとの間には北方領土問題、中国および台湾の中華民国との間には尖閣諸島問題、韓国との間には竹島問題が未解決のまま残されている。

米ロ CIAの裏工作で戦車がイラン首相宅を襲撃

ヨーロッパ、アジアだけでなく、中東も米ソ両大国の暗闘の場となった。第二次世界大戦後、世界的に自動車や飛行機が普及し、石油の需要が高まる。多くの産油国が集まる中東では、アメリカやイギリスの石油会社が採掘を行なっていたが、欧米の支配に反抗する反植民地主義が広がり、それは共産主義とも結び付いていた。

サウジアラビアで石油採掘を行なうアメリカ企業のアラムコ（アラビアン・アメリカン・オイル・カンパニー）は、1951年1月、サウジアラビア政府と利益を折半する協定を結ぶ。これはサウジアラビアにとってかなり有利な条件で、同年には米軍がサウジアラビアの空軍基地を使用する相互防衛援助協定も結ばれた。

だが、アラムコとサウジアラビアの契約は、ペルシア湾を挟んだ隣国イランの人々を憤慨させた。イランでは戦前からイギリス資本のアングロ・イラニアン石油会社が利権を独占し、イラン国民の利益はわずかだったからだ。イギリスに対する強い不満から、イランでは民族主義と共産主義を掲げる政治団体のトゥーデ党が台頭する。

同年4月にイラン首相に就任したモハンマド・モサデグは、国民の声に応えて石油の国有化を断行する。ところが、アメリカやイギリスはイランからの石油輸入を停止したので、イランは外貨を得られなくなってしまった。もともとモサデグは反共主義者だったので、アメリカは当初、イランの内政への介入は控えていたが、追い詰められたモサデグはしだいに親米英派の国王と敵対し、ソ連と協力関係を結ぼうとする。

そこで、アメリカは国王パフレヴィー2世と親米英派のファズロラ・ザヘディ将軍を支援して、モサデグを引きずり下ろす裏工作を進める。CIAは巨額の資金を投じてイラン政府の要人を買収し、国民の間にモサデグ批判を広め、ザヘディにクーデタの計画案を与えた。かくして、1953年8月に国王支持派によるクーデタが起こり、国王警備隊が戦車でモサデグの家を襲撃する。この争乱で、少なくとも200人以上が殺害されたといわれる。モサデグは捕縛され、ザヘディが首相の座に就いた。

以降のイランは国王専制の下で親米政策を採り、石油利権の約4割をアメリカ企業が確保した。しかし、一部の階層が富を独占する状況への不満が募り、1979年にイスラム原理主義者のホメイニ師によるイラン革命が起こって反米に転じる。

さらに、1955年11月にはイギリス、トルコ、イラク、パキスタン、イランの5カ国によって、バグダード条約機構が成立する。これはNATOと連携する中東の反共軍事同盟で、アメリカもオブザーバーの形で参加した。

イランの政変に前後して、エジプトでは1952年7月、軍人のガマール・アブドゥル・ナセルらが反乱を起こして親英派の国王を打倒した。CIAはナセルを味方に引き込む工作を行なったが、こちらはうまくいかなかった。1956年7月、ナセルはイギリスが経営権を握っていたスエズ運河の国有化を宣言。これに反発するイギリスは、フランス、イスラエルとともに軍事介入し、スエズ戦争（第2次中東戦争）が起こる。

このときは、めずらしくアメリカとソ連が歩調を合わせ、ほかの中東、アジア、アフリカ諸国とともに、英仏の行動は植民地主義の復活だと非難した。アメリカ国内では、エジプトがスエズ運河の通航を保証するなら問題ないと判断されていたことに加えて、英仏がアメリカに相談なく軍事行動を起こしたことにアイゼンハワー大統領が激怒したのだ。結局、国連による停戦の呼びかけによってスエズ戦争は終結する。

中東ではしだいに、アメリカがイスラエルを支援し、これと敵対するアラブ諸国をソ連が支援する図式になっていく。スエズ戦争後、エジプトに続いてシリアがソ連と関係を深めると、アメリカはイランと同様のクーデタ工作を行なったが、シリア政府の関係者がみずからCIAによる買収を暴露して失敗に終わった。

アメリカはイラクでもCIAを通じて親米派の勢力拡大を図った。しかし、1958年

7月には軍人のアブドルカリーム・カーシムらが反乱を起こして国王を打倒したのち、ソ連と接近してバグダード条約機構から離脱する。

こうしたアメリカと敵対的な中東諸国の動きには、共産主義の影響もあったが、むしろアラブ民族主義の影響が強かった。エジプトはソ連から武器を購入したが、1970年代に入るとイスラエルとの和平を模索して親米に転じる。だが、シリアやイラクはこれに反発し、シリアはソ連崩壊後もロシアと密接な関係を続けることになる。

ロ　スターリン批判とつかの間の「雪解け」

約30年間にわたってソ連を支配したスターリンは、1953年3月1日、深夜まで共産党の幹部と会議をしたのちに脳溢血《のういっけつ》のため自室で倒れた。政府の要人たちがどう対応してよいか迷って放置している間に症状は悪化し、3月5日に死去した。

長らくスターリンの個人独裁に従っていた共産党の幹部たちは、ひとまず首相のマレンコフ、第一書記のフルシチョフ、内務大臣のベリヤらによる集団指導体制を採る。マレンコフたちは、すぐさまスターリン時代の恐怖政治からの方針転換を図り、早くも3月末には強制収容所に収監されていた囚人が100万人も解放された。

だが、ほどなく幹部同士の権力抗争が浮上する。とくに、大粛清で多くの人々を処刑したり、シベリアへの流刑を行なったベリヤは政府の内外から憎まれ、政敵が少なくなかった。同年6月に東ドイツのベルリンで反ソ連暴動が起こると、ベリヤはその対応についてフルシチョフの非難を受けて失脚し、同年12月には処刑されてしまう。ベリヤが支配していた内務省と秘密警察は、翌年3月、ソ連国家保安委員会（KGB）に改組される。

ベリヤと密接な関係だったマレンコフも、1955年2月に首相を解任されたのちカザフスタンに左遷され、最終的にフルシチョフが政府の主導権を握る。フルシチョフは貧しい農民の子で、したたかな人物だが、身内への血なまぐさい暴力は嫌った。のちに、自分と敵対した外務大臣のヴャチェスラフ・モロトフ、幹部会議長のクリメント・ヴォロシーロフらの有力者も左遷したが、ベリヤ以外は処刑されていない。

フルシチョフは、内政面では国民の生活向上を、外交面では自由主義陣営との関係改善を図った。1949年に西ドイツと東ドイツが成立したのちも、オーストリアは、アメリカ、イギリス、フランス、ソ連の4国による占領が続いていたが、フルシチョフは米英仏3国との交渉を進め、1955年5月にオーストリアは東西両陣営のどちらにも属さない中立国として独立を果たした。同年にはユーゴスラヴィアを訪問してティトーと会見し、スターリン時代には断絶していた国交を回復させる。

さらに、フルシチョフはみずからの新方針の正当性を訴えるため、１９５６年2月のソ連共産党第20回大会の秘密会合で、徹底したスターリン批判の演説を行なう。大粛清による大量虐殺、過度な個人崇拝、独ソ戦初期の戦略的な失敗などが指摘され、スターリンの政策はレーニンが定めた本来のソ連共産党の方針からの逸脱とされた。

この演説は非公開だったが、共産主義陣営からの亡命ユダヤ人を多く抱えるイスラエルの諜報機関から、ポーランドを経由してアメリカのＣＩＡに伝わり、自由主義陣営の諸外国に暴露された。アメリカはさっそく、これを東側諸国の揺さぶりに利用した。ＣＩＡは１９４９年に、ソ連や東欧に向けてそれぞれの国の言語で反共宣伝を放送するラジオ自由ヨーロッパ（ＲＦＥ）を設立しており、ソ連から漏れたスターリン批判の内容を電波に流した。これを受けて、１９５６年6月にポーランドでは大規模な反ソ連暴動（ポズナニ暴動）が起こり、かつてスターリンと敵対して失脚したゴムウカ（96ページ）が復権する。ソ連はポーランドに軍を派遣して武力による介入をちらつかせたが、フルシチョフとの直接交渉でゴムウカは今後もソ連に対する妥協の姿勢を示し、どうにか流血の事態は避けられた。

一方、悲運に見舞われたのがハンガリーだ。１９５５年に、穏健な改革派だった首相のナジ・イムレはソ連に忠実な勢力と対立して失脚していたが、ポーランドと同じく反ソ連暴動が広がり、ソ連が軍事介入をちらつかせるなかで、翌年にナジが復権を果たす。ナジはハンガリーを訪れたソ連副首相アナスタス・ミコヤンと直接交渉して一度は和解し、ソ連軍は撤退した。ところが、ナジが11月にワルシャワ条約機構からの脱退とハンガリーの中立化を宣言すると、ふたたびソ連軍がやってきて抵抗する市民を攻撃し、首都ブダペストを占領した。この「ハンガリー動乱」の犠牲者は数千人に及ぶ。CIAはハンガリーの反乱者に対する武器の提供も考えたが、米ソ直接戦争に発展することを恐れたアイゼンハワー大統領の判断で実現しなかった。

ナジはソ連軍に捕縛され、1958年6月に処刑された。当時のソ連では形式上、被告に自白をさせてから刑を執行したが、ナジは最後まで罪を認めなかったため、裁判は非公開で行なわれた。その後、ハンガリーは親ソ連派のカーダール・ヤーノシュが支配する。

ポーランドとハンガリーの反ソ連暴動は、アメリカにとって大きなチャンスだったが、まだCIAは東欧諸国にほとんど協力者がおらず、共産政権の打倒は実現できなかった。これに対し、ソ連の動きは巧妙だった。当時のハンガリー大使だったユーリ・アンドロポフは、ナジの動きをKGBに伝えて迅速な鎮圧を図り、この功績を出発点として、後年にはKGB議長、ソ連共産党書記長にまで昇格する。動乱のためハンガリーからは20万人もの国外亡命者が発生したが、なんとKGBはそのなかに諜報員を紛れ込ませて、アメリカ、イギリス、フランスなどの西側諸国に送り込んだという。

西側諸国の左翼知識人の間では、スターリン批判とハンガリー動乱によってソ連への幻滅が広がり、共産主義を唱えつつも、ソ連や既存の各国共産党とは別の路線を採る新左翼運動が起こった。また、ソ連に協力するスパイも、共産主義への共感を動機とする者はしだいに減り、金で雇われた者や脅されて協力する者が増えていく。

それでも、フルシチョフはある程度の国内政治の自由化と、西側諸国との平和共存路線を採った。これは「雪解け」と呼ばれる。1956年10月には日本の鳩山一郎首相がソ連を訪問し、日ソ共同宣言を発表して国交を回復した。ただし、北方領土問題での合意が得られなかったため、平和条約は結ばれていない。

1959年9月、フルシチョフはソ連首脳で初めてアメリカを訪問した。そして、国連総会で平和共存路線に沿った軍縮を提案し、ワシントンでアイゼンハワー大統領と会談している。このときのフルシチョフの態度はじつに大胆不敵だった。当時の副大統領だったリチャード・ニクソン（のち1969年に大統領に就任）の回想録によれば、フルシチョフはCIA長官のダレスに面と向かって「私は、あんたと同じ報告書を読んでいる」と語り、FBI長官フーヴァーにも「われわれには共通の知人がいるようだな」と言ったという。諜報機関を通じた裏工作は米ソでお互い承知だったのだ。

もっとも、こうしたフルシチョフのオープンな態度と西側諸国への歩み寄りは、アメリカとの対決姿勢を崩さない毛沢東ら中国共産党の反発を受け、中ソ対立を招く。

米ロ

ナチスの遺産を利用して宇宙に広がった米ソ対立

フルシチョフ政権時代の1957年10月4日、衝撃のニュースが世界を駆け巡った。ソ連が人類初の人工衛星スプートニク1号の打ち上げに成功したのだ。

アメリカとソ連のロケット開発競争は、これより10年以上前から始まっていた。人工衛星を打ち上げるロケットと、軍事目的の長距離ミサイルには、ほぼ同じ技術が使われている。第二次世界大戦の末期、ドイツは最初の長距離ミサイルであるV2を実用化する。その開発者ヴェルナー・フォン・ブラウンは、早くから宇宙を目指していた。終戦の前後、アメリカとソ連はそれぞれに、V2に関わったドイツ人技術者の身柄を確保する。

フォン・ブラウンとその部下たちは、ドイツ降伏の直前にみずから米軍に投降し、フランス経由でアメリカに密入国した。のちに米軍は彼らをわざわざメキシコに移送し、表向きはメキシコから正式に入国したと偽装してアメリカ国籍を取得させた。

戦後、長距離ミサイルは核兵器を敵国に打ち込む手段として注目される。ところが、アメリカのロケット開発は難航した。長距離ミサイルを重視する陸軍と、射程距離の短い小型の巡航ミサイルを重視する海軍、空軍で足並みがそろわなかったからだ。加えて、旧敵国の人間であるフォン・ブラウンを毛嫌いする者も少なくなかった。

これに対し、ソ連は、ウクライナ出身の技術者セルゲイ・コロリョフをリーダーとする第一設計局の下で一元的に長距離ミサイルを開発させた。コロリョフも早くから宇宙を目指した人物で、１９３０年代には冤罪でシベリア流刑にされながらも、大戦末期に釈放されて軍用機の開発に関わった。コロリョフは戦後、ドイツの技術を吸収してＶ２のコピーを製造したのち、これを発展させた国産のロケットを完成させる。

当時のソ連政府は、長距離ミサイルの軍事利用を優先し、宇宙開発には消極的だった。それでも、コロリョフは共産党の最高幹部会議に「衛星打ち上げを実現する世界で最初の国家の栄誉を逃してよいのか」と迫り、人工衛星の打ち上げを認可させる。

じつは、スプートニク１号打ち上げ翌日の、ソ連での報道は非常に簡素だった。ところが、アメリカをはじめ西側諸国の新聞やテレビでは大々的に報じられ、ソ連政府は改めて宇宙開発が国威の宣伝になると気付く。フルシチョフの命令で急遽《きゅうきょ》、11月７日のロシア革命40周年の記念日に合わせて、ライカと呼ばれた生きた犬を乗せたスプートニク２号が打ち上げられた。ライカは生還できなかったが、世界はソ連の技術力に驚嘆した。

アメリカ政府の焦りは大きく、1958年7月、陸海空軍のロケット開発を一元化した組織としてアメリカ航空宇宙局（NASA）が設立される。翌年10月、フォン・ブラウンらは陸軍からNASAに移籍し、アメリカの宇宙開発の中心的な存在となる。

「ソ連はすぐにもアメリカ本土に核ミサイルを発射できる」と見なされ、アメリカは高度2万メートル以上の高高度を飛行できるスパイ偵察機U2で、ソ連内のミサイル基地を探ろうとした。ところが、1960年5月にU2がソ連内で墜落し、操縦士のフランシス・ゲーリー・パワーズが捕らえられる。名目上、パワーズはNASAの大気圏調査に従事していることになっていたが、実際にはCIAに雇われていた。パワーズはシベリアで囚人生活を送ったが、2年後にアメリカ側が捕らえたスパイとの交換で帰国する。

この段階では、ソ連がアメリカをリードしていた。1961年4月12日、ソ連は、人類初の宇宙飛行士ユーリイ・ガガーリンを乗せたボストーク1号の打ち上げに成功する。乗員が生還できる保証はなく、実際に機器トラブルが発生したが、それを乗り超えてガガーリンは地球に戻り、「地球は青かった」という名フレーズを残した。

同年にアメリカ大統領に就任したジョン・F・ケネディは、ボストーク1号が成功を収めた翌月、「10年以内にアメリカは人間を月に送る」と力強く宣言する。ケネディには、冷戦下で何としてもアメリカの国威を世界にアピールする意志があった。ここからアメリカによるロケット開発の追い上げが進み、1969年7月20日、宇宙船アポロ11号が、宇宙飛行士ニール・アームストロングらを月に送り込んだ。

一方、ソ連では1964年10月にフルシチョフが失脚して以降、しだいに宇宙開発が縮小される。功労者のコロリョフはレーニン勲章を授与されたが、軍事機密のため、彼の名はソ連崩壊後の1990年代まで、ほとんど知られることがなかった。

米ロ　核戦争の一歩手前となった「キューバ危機」

1962年10月16日。この日から13日間にわたって続いた「キューバ危機」は、冷戦時代を通じて、米ソ核戦争の可能性が最も高まった時間だった。

話はこの3年前に遡る。アメリカに隣接するカリブ海の島国キューバは、19世紀からサトウキビ栽培などの国内産業の大部分が、一部の大地主とアメリカ資本の支配下にあり、親米派の独裁者フルヘンシオ・バティスタに支配されていた。革命家のフィデル・カストロは、同志のエルネスト・チェ・ゲバラらとともに、1959年1月にバティスタ政権を打倒する。カストロがアメリカ資本と結び付いた農場の接収を進めると、これに反発するアメリカ政府は、キューバへの石油輸出と砂糖の買い付けを停止した。そこでカストロは、ソ連と接近して共産主義政権を確立し、自国内にあったアメリカ企業資産の国有化を断行、ソ連から石油と武器を購入する方針を採る。

アメリカ政府にとって不愉快だったのは言うまでもない。CIAはカストロ暗殺を企てたが、有力な実行部隊がなかったため、シカゴの大物マフィアであるサム・ジアンカーナの一味に協力を依頼したが、これは実行されなかった。1961年4月、CIAは反共主義者のキューバ人を支援してカストロ打倒の秘密作戦を仕掛けるが、事前準備が不十分で無残な失敗に終わった。これは「ピッグス湾事件」と呼ばれる。カストロは激怒し、アメリカとキューバの間には険悪な空気が漂うことになる。

同年6月、ケネディとフルシチョフはオーストリアのウィーンで会談したが、ケネディはピッグス湾事件の失敗による焦りもあって、強気な態度を示した。東西ドイツの問題について、フルシチョフは西ベルリンから西側（米、英、仏）の軍隊が撤退すれば東ベルリンからソ連軍も撤退させると語ったが、ケネディは拒絶して物別れに終わる。

当時、ベルリン市街は東西に分割されていたが、交通は自由だったので、西ベルリンに逃亡する東ドイツ国民が相次いでいた。ウィーンでの首脳会談が決裂した直後の8月13日早朝、東ドイツ政府はいきなり西ベルリンの周囲に有刺鉄線を張り巡らし、その後、さらに高さ3・6〜4・2メートルの壁を築いた。壁を越えようとした者が撃たれるなどの事件が続発し、緊張が高まる。西ベルリン市長のヴィリー・ブラント（のちの西ドイツ首相）はアメリカに支援を要請し、ほどなく米軍の増援部隊が到着する。東西ベルリンでは米ソ両軍のにらみ合いとなったが、結局、武力衝突には発展しなかった。もっとも、このとき築かれた「ベルリンの壁」は１９８９年まで残り、冷戦の象徴となる。

ベルリンの危機から一転、翌年にはふたたびキューバが台風の目となる。

「キューバにソ連の核ミサイル基地が建設されている」との報告が、アメリカ大統領ジョン・Ｆ・ケネディの下にもたらされたのは、１９６２年10月16日のことだ。この事実は、キューバ上空を飛行するＵ２偵察機が撮影した写真から判明した。アメリカ本土とキューバは最短で約２００キロしか離れていない、まさに喉元に刃が突き付けられた状態だ。10月21日、ケネディは、キューバに向かうソ連の船舶に対する海上封鎖を決定し、同時に全軍に準戦時体制を発令した。続いて10月22日、アメリカ側はソ連の船舶が停船指示に従わなければ、24時間以内にソ連に宣戦すると発表。カストロはこれに強く反発し、ソ連のフルシチョフにアメリカへの攻撃を要請する。ワルシャワ条約機構軍も準戦時体制となった。

まさに米ソ直接衝突が迫るなか、10月26日、フルシチョフからケネディへの親書が電報で届く。それは受信し終えるのに6時間以上もかかる長文で、アメリカがキューバに侵攻しないことを約束すれば、ミサイルを撤去してもよいという提案だった。

フルシチョフ（左）とケネディ（右）。

ケネディとフルシチョフの交渉の結果、10月28日、アメリカがソ連に隣接するトルコのミサイル基地を撤去することと交換で、フルシチョフはキューバのミサイル基地の撤去を受諾する。かくして、世界は核戦争の危機から救われた。

これを契機に、米ソ首脳が緊急時に直通電話で連絡するためのホットラインが築かれる。だが、フルシチョフがキューバ側に相談なくミサイル基地の撤去を決定したので、カストロは憤慨し、中国共産党もソ連のアメリカに対する譲歩を非難した。

キューバ危機で核戦争の恐怖を痛感したフルシチョフは、1963年8月にアメリカ、イギリスと「部分的核実験禁止条約（PTBT）」を結び、大気圏内や水中での核実験を

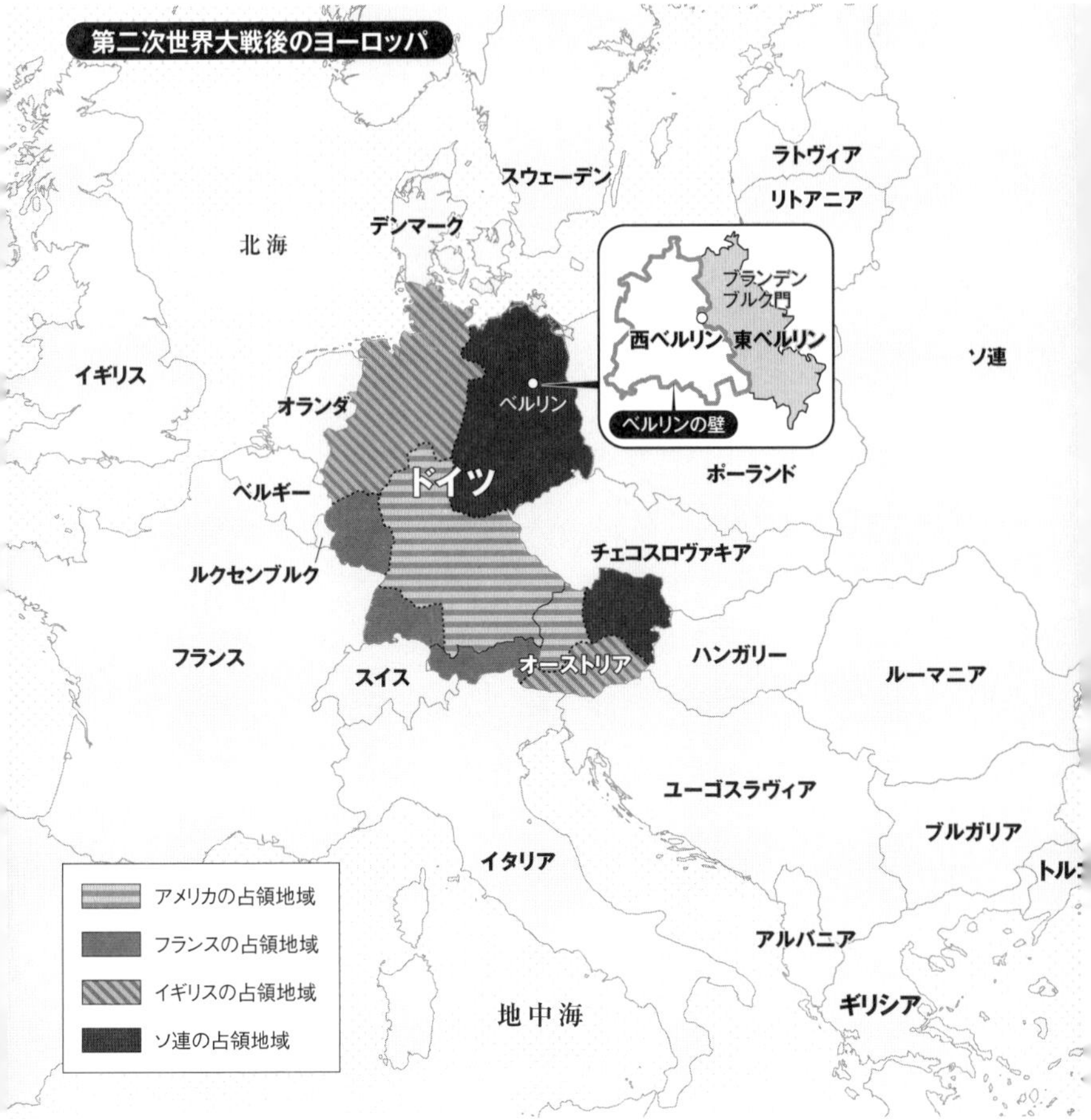
第二次世界大戦後のヨーロッパ
スウェーデン
ラトヴィア
リトアニア
デンマーク
北海
ブランデン
ブルク門
西ベルリン
東ベルリン
ソ連
イギリス
オランダ
ベルリン
ベルリンの壁
ポーランド
ベルギー
ドイツ
チェコスロヴァキア
ルクセンブルク
フランス
スイス
オーストリア
ハンガリー
ルーマニア
ユーゴスラヴィア
ブルガリア
イタリア
アルバニア
ギリシア
地中海
アメリカの占領地域
フランスの占領地域
イギリスの占領地域
ソ連の占領地域

停止する。だが、これに反発する中国は翌年に原爆実験を成功させる。

その後も、アメリカは何度もＣＩＡによるカストロ打倒の裏工作を進め、カストロが口にする葉巻やアイスクリームに毒物を混入する、ダイビング中に貝殻に偽装した爆弾で暗殺するなど、ありとあらゆる手段が検討されたが成功には至らなかった。カストロは長年にわたり、中南米各国の反米・共産主義勢力に兵員を送って支援した。

そして、ケネディは、１９６３年11月にテキサス州ダラスで遊説中に暗殺された。キューバやベトナムでの失敗からケネディと関係が悪化していたＣＩＡが真犯人という説、マフィア関与説、キューバ人関与説などがあるが、その真相は定かではない。

一方、フルシチョフは、１９６４年10月にソ連共産党トップの第一書記を解任される。かねてより政府内では、アメリカとの平和共存路線と強硬路線の間で一貫しないフルシチョフへの不満が高まっており、キューバ危機を招いたうえに、これが原因でますます中ソ対立が悪化したことも影響していた。以降は第一書記の地位を継いだレオニード・ブレジネフ、首相のアレクセイ・コスイギンが政府の主導権を握る。

4章

冷戦終結へ

――無神論の敗北

米ロ

共産化のドミノ倒しを阻止するために始めたベトナム戦争

「このままでは共産主義国家（無神論国家）が次々に生まれてしまう。今のうちにたたき潰しておかなければならない」

アメリカがベトナム戦争に踏み切った背景には、このような思いがあったと考えられる。

アメリカが北ベトナムに空爆を開始したのは1965年3月。同時に大量の戦闘部隊も投入している。

その当時、ベトナムは北ベトナムと南ベトナムに分かれていた。分断のきっかけは1946年12月に始まったインドシナ戦争である。第二次世界大戦開戦時まで、ベトナムはフランスの植民地だった（正しくはフランス領インドネシア。現在のラオス、カンボジア、ベトナムに該当する）。大戦中は日本軍の占領下にあったが、終戦後は独立を宣言。そこにフランスが戻ってきて、ふたたび支配下に置こうとした。そうしたフランスへの抵抗をきっかけに、ベトナムとフランスの間で戦争が勃発する。これがインドシナ戦争だ。

アメリカはフランスの味方に付いたが、最終的にフランスはこの戦争に敗れる。その結果、ベトナムは北緯17度線を境にして、ベトナム民主共和国（北ベトナム）とベトナム共和国（南ベトナム）に分かれることになった。このうち北ベトナムは共産主義体制を、南ベトナムは資本主義体制を採った。北ベトナムに対してはソ連が、南ベトナムに対してはアメリカが味方に付いた。このことから、のちに起こるベトナム戦争は「米ソ冷戦の代理戦争」とも呼ばれる。

1960年には、南ベトナム解放民族戦線（アメリカによる呼称は「ベトコン」）が結成され、北ベトナムと連携を取るようになる。彼らの目的は共産主義体制によるベトナムの統一だった。

「ベトナムが共産主義国家になってしまったら、周辺の国々もドミノを倒すように共産主義になっていくに違いない。断じて許すわけにはいかない」

これはのちに「ドミノ理論」と呼ばれるようになるが、アメリカにとって北ベトナムおよび南ベトナム解放民族戦線は「敵」以外の何者でもなかった。そこで空爆を開始すると同時に、大量の兵力をベトナムの地に投入したのである。

空爆の口実には、1964年8月2日に起こった「トンキン湾事件」が用いられた。アメリカの軍艦が北ベトナム軍によって攻撃を受けたとされる事件だが、これはのちに捏造《ねつぞう》だったと判明している。なお、北ベトナムへの空爆を命じたのは当時の大統領リンドン・ジョンソンだったが、前大統領のケネディもベトナムの共産化を怖れて大量の軍事顧問団を派遣している。

このベトナム戦争で、アメリカ軍は大変な苦戦を強いられた。軍事力

米空軍によって枯葉剤が撒かれた。有毒物質であるダイオキシンが人と環境に多大な影響を与えた。

や兵器、兵士の数といった面では圧倒的に敵側を上回っていたにもかかわらず厳しい戦いとなったのは、北ベトナム軍側がゲリラ戦を展開したからだ。ベトナム戦争をモチーフにした映画（『地獄の黙示録』や『プラトーン』など）には鬱蒼《うっそう》としたジャングルが描かれる。視界の悪い戦場で、前線の兵士たちは激しく消耗せざるをえなかった。

また、ソ連や中国の北ベトナムに対する軍事支援も、戦争を長引かせる要因の1つとなった。ソ連は、北ベトナムに地対空ミサイルを提供したほか、軍事顧問や地対空ミサイル部隊、戦闘機部隊、技術関連人員などを派遣している。とくに割合が大きかったのは地対空ミサイルや戦闘機に関する人員で、彼らはアメリカ軍の空爆に対応した。活動の基本はベトナム軍兵士へのミサイル操作の指導だが、ベトナム戦争の初期段階では、ソ連軍兵士の操作した地対空ミサイルがアメリカの戦闘機を撃墜したこともあったようだ（この事実は長く伏せられ、ソ連崩壊後に明らかになった）。

1968年3月、アメリカ軍は「ソンミ村虐殺事件」を起こす。これはソンミ村の住民500人以上を一方的に虐殺した事件で、報道されるや否や世界中に衝撃が走った。また、ジャングルを切り開くために枯葉剤を撒《ま》いたことも化学兵器の使用という面で非難された。

戦争が長引くにつれて、アメリカの国内はもとより世界中で反戦運動が湧き上がるようになる。戦況は厳しく、国内外の批判の高まりや膨大な戦費によるドル危機の責任を取ってジョンソンは次の大統領選に出馬せず、リチャード・ニクソンが新たな大統領に就任した。結局アメリカはこのニクソン政権時に、ベトナムからの撤退を決意する。1973年のパリ和平協定に調印し、アメリカにとってのベトナム戦争は終わりを告げた。およそ8年間にわたる長い戦争だった。その3年後、北ベトナム側の勝利によってベトナムは統一国家を実現することになる。

ベトナム戦争はアメリカにとって初めての敗戦経験となった。300万人以上の兵力、1500億ドルの戦費を使い、国力も低下。世界経済における影響力も弱まることとなった。

チェコスロヴァキアに訪れた民主化の「春」と、それを警戒したソ連

アメリカがベトナム戦争に踏み切った理由と同じような動機で、ソ連がチェコスロヴァキアに対して起こしたのが、「プラハの春」をきっかけとした「チェコ事件」だ。1968年8月に、ソ連軍および東ドイツ、ポーランド、ハンガリー、ブルガリアの各国の軍がチェコスロヴァキアに侵攻した事件である。アメリカはベトナムの共産化を怖れたが、こ

国旗を掲げて歩くチェコスロヴァキア人と、激しく燃えるソ連軍の戦車。

の事件ではソ連はチェコスロヴァキアの民主化を警戒した。

プラハの春とはチェコスロヴァキアで、1968年の春に始まった一連の民主化を求める体制内改革運動の象徴的な呼び名だ。同国は1948年から共産党による共産主義体制を採っていたが、共産党による締め付けが強く、民衆からはしだいに民主化を要求する声が上がるようになっていった。当時の共産党第一書記アントニーン・ノヴォトニーが経済の停滞を理由に、その座を退き、代わりに第一書記となったのが改革派のアレクサンデル・ドプチェクだった。

ドプチェクは「人間の顔をした社会主義」を唱えて、改革を断行していった。

具体的には、言論の自由や複数政党制の導入、自由主義経済システムの採用などが挙げられる。1968年4月には共産党の行動綱領でこれらの方針を打ち出している。

国内の知識人たちもドプチェクが進める改革を支持した。チェコスロヴァキア出身の作家ルドヴィーク・ヴァツリークは「二千語宣言」を起草し、多くの知識人がこれに署名を添えて声明文として発表した。内容は過去の共産党の権力独占を非難するものであり、二千語宣言の正式名称は「労働者、農民、科学者、芸術家、その他すべての人々のものである二千語」といい、ドプチェク政権の支持を明確に示したものだった。

こうした動きに眉をひそめたのがソ連だ。「この動きを座視していると、チェコスロヴァキアは共産圏から離れていってしまう。さらに、それに引きずられて周辺諸国にも同じような動きが生まれてくるに違いない」。ベトナム戦争時のアメリカのドミノ理論と思考パターンは同じといえるだろう。

ソ連は改革の動きを止めるよう、チェコスロヴァキアに対して何度か警告を発した。しかし、ドプチェク政権は耳を貸そうとしなかった。当時のソ連書記長ブレジネフは改革の手を緩めないドプチェクに業を煮やし、軍事介入を決定する。こうして1968年8月の20日から21日にかけてワルシャワ条約機構加盟国のソ連、東ドイツ、ポーランド、ハンガリー、ブルガリアの5カ国の軍隊がチェコスロヴァキアに侵攻したのだった。ドプチェクはソ連に連行され、ソ連側の要求を受諾する形で「モスクワ議定書」が締結される。

ドプチェクに代わって共産党第一書記となったグスタフ・フサークは、ソ連の意向に従って「正常化」を進めていった。このようにしてプラハの春はおよそ半年で終わりを告げることになったのだった。

チェコ事件に対しては、当然のことながらチェコスロヴァキア国内で強い抗議の声が上がった。のみならず、西側諸国や西側の共産党、さらにはワルシャワ条約機構加盟国のアルバニアやルーマニアからも非難の声が上がった（チェコ事件に際して、アルバニアとルーマニアは軍を出動させていない。アルバニアはチェコ事件をきっかけにワルシャワ条約機構から脱退している）。ソ連国内でも軍事介入を責める声は多く上がった。『ガン病棟』や『収容所群島』などの作品で知られるノーベル文学賞作家アレクサンドル・ソルジェニーツィンもその1人だ。

こうしたさまざまな非難に対して、ブレジネフは次のように主張した。「社会主義陣営全体のためには1国の主権は制限されることがある」。この主張は「ブレジネフ＝ドクトリン（制限主権論）」と呼ばれることになるが、この発言に対しても非難の矢が降り注ぐことになる。もしブレジネフの主張が通るならば、共産圏に入った国家は主権が制限されることになってしまうからだ。

こうしたソ連の態度は国内外に失望をもたらし、国際社会での威信の低下につながっていく。アメリカは口ではソ連を非難したものの、具体的な制裁行動には出なかった。当時アメリカとソ連（そしてイギリス）との間で進めていた「核拡散防止条約（NPT）」に対する影響を、ジョンソン大統領が警戒したからだった。チェコスロヴァキアに味方するよりも、ソ連との今後に重きを置いたことになる。「ソ連との対立を招いてまでチェコスロヴァキアに手を差し伸べる必要はない」というシビアな判断があったともいえる。

なお、チェコスロヴァキアに侵攻した5カ国だが、1989年に侵攻行為が誤りだったと認める声明をソ連が発表している。チェコ事件から約20年後のことだった。

チェコ事件後、東側諸国ではしだいに民主化を求める動きが活発化していく。ポーランドにおいてはゴムウカ政権に代わってエドヴァルド・ギエレク政権が誕生し、IMFに経済協力を要請。西側先進諸国との経済交流を拡大する試みによって、国民の生活水準が50%近く向上するという結果を生み出した。これは「ポーランドの奇跡」と呼ばれている。

ハンガリーにおいては、カーダール政権の下「新経済メカニズム」という改革案が採用された。東ドイツでは、対西ドイツ強硬派のヴァルター・ウルブリヒトの退陣に伴い、エーリヒ・ホーネッカーが共産党第一書記となり、西ベルリンに対して歩み寄りの姿勢を見せた。このようにチェコ事件は、東側諸国による西側諸国への接近を加速させる結果を招いたという考え方もできる。

★ロ アフガニスタン侵攻で「聖戦」の戦士たちと戦う

シルヴェスター・スタローン主演のハリウッド映画『ランボー』シリーズは世界中で大ヒットした。その3作目は『ランボー3／怒りのアフガン』。タイトルにあるように物語の舞台はアフガニスタンである。この作品でスタローン扮《ふん》するランボーは、ソ連軍侵攻下のアフガニスタンへと向かう。ソ連軍に捕まったかつての恩人を救出するために、現地のムジャーヒディーン（ジハード戦士）たちの協力を得るというストーリー展開になっている。

この物語の設定は、１９７９年12月にソ連軍によって行なわれたアフガニスタン侵攻に則ったもの。「アフガニスタンに軍を進めたソ連は悪党であり、そんな連中と戦うのがアメリカ人だ」という構図を世界中に印象付けたとも考えられる。

ランボーに協力するムジャーヒディーンとは、「ジハード（聖戦）を遂行する者」という意味だ。ソ連のアフガニスタン侵攻の際には他国からもムジャーヒディーンたちが参戦した。そのなかには、のちのアメリカ同時多発テロ事件の首謀者とされるウサマ・ビン・ラーディンの姿もあった。

アフガニスタンはイスラーム教の国であり、国民の約99％はイスラーム教徒だった。1979年2月、隣国イランではイラン革命が起こり、その影響もあってイスラーム原理主義が台頭していた。

アフガニスタンはかつてイギリスの保護領だったが、1919年に独立を果たし、アフガニスタン王国として王政を敷いてきた。1973年に共和政に移行したものの（アフガニスタン共和国）、1978年4月、社会主義政党の主導による軍事クーデタが発生し、社会主義政権が主導するアフガニスタン民主共和国が誕生していた（サウル革命〈四月革命〉）。無神論国家の誕生であり、ソ連としても歓迎すべき事態だった。

ソ連と友好・善隣条約を結んだ革命政府が急進的な土地改革と男女平等政策を推し進めると、これに反対するイスラーム武装勢力が各地で蜂起し、政情は不安定なものとなった。「アフガニスタン政府だけでは、こうした抵抗を抑えきれない」と判断したソ連は1979年12月24日、軍事侵攻を開始した。

イスラーム武装勢力のゲリラ兵は当初、ソ連軍の武器を奪って戦ったが、1984年にアメリカ製の武器がゲリラ兵に支給されるようになる。また、イラン、イギリス、サウジ

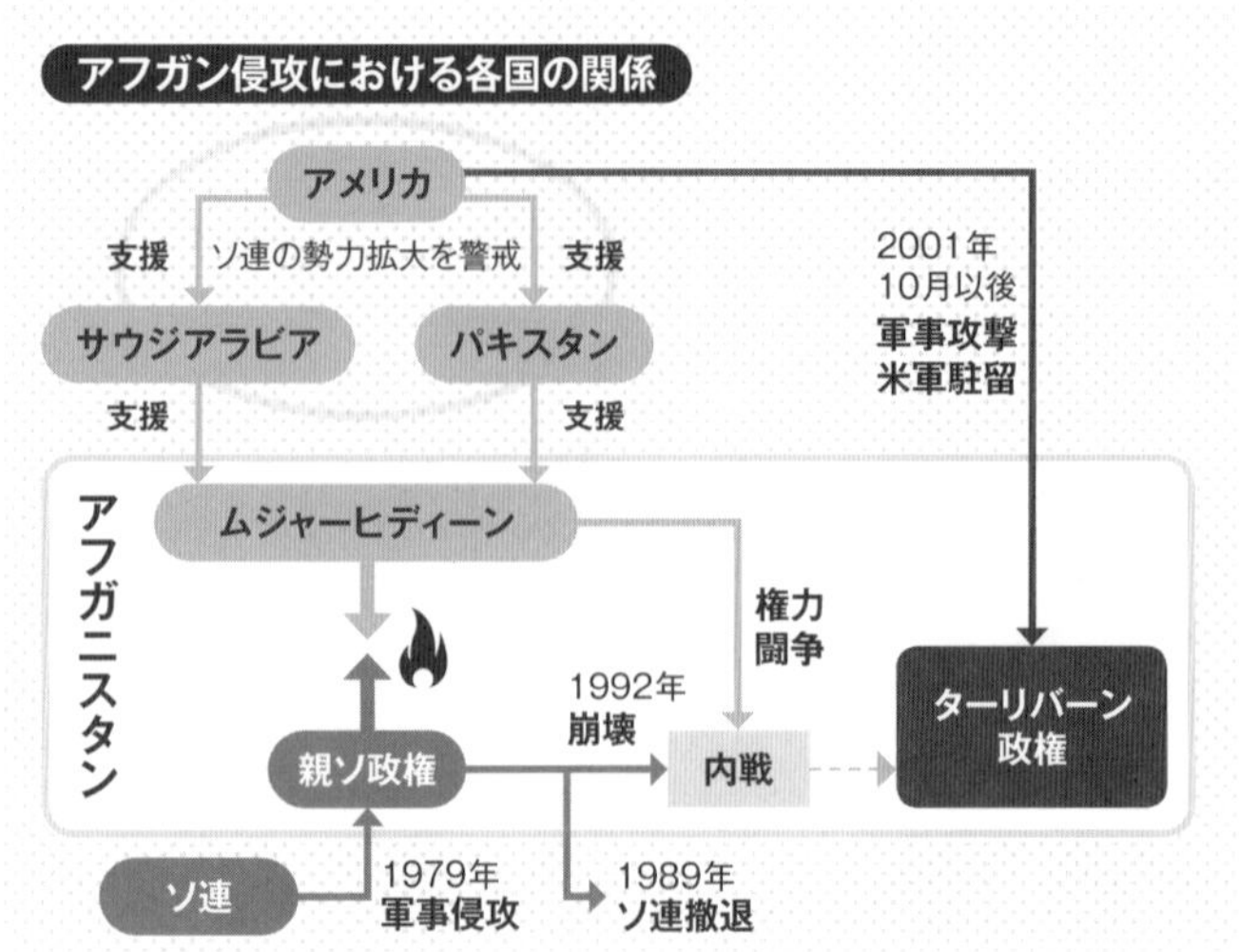

アフガン侵攻中の各国の関係。

アラビア、中国、パキスタンなどが反政府ゲリラを支援した。ベトナム戦争と同様、この争いも米ソ冷戦の代理戦争となって泥沼化していった。

侵攻開始当時、ソ連ではまだブレジネフ政権が続いていたが、末期的な状態で、ブレジネフ本人は病気がちだった。侵攻に関しては少数の上層部が決断したものと伝えられている。当初は2週間程度で反政府勢力を鎮圧できると楽観視していたが、ソ連軍がアフガニスタンから撤退したのは1989年2月。2週間どころか、じつに10年の歳月を費やしたことになる。

この紛争で命を失ったソ連軍兵士の数は約1万4000人に上るとされている。

また10年間も紛争を続けるなかで、ソ連は経済的にも疲弊した。アフガニスタンへの侵攻は軽率な判断だったとする声が多い。

米ソ間の「新冷戦」開始 ゴルバチョフの登場

ソ連によるアフガニスタン侵攻は、西側諸国から猛反発を招いた。侵攻開始の翌年、１９８０年にはモスクワオリンピックが開催される予定だった。共産圏で初めて開かれる記念すべきオリンピックだったが、これに対して当時のアメリカ大統領ジミー・カーターは各国にボイコットを呼びかけた。その呼びかけに応じた国の１つが日本だ。カーター大統領はソ連への穀物輸出の禁止措置も採った（効果はなかったといわれている）。

米ソの間では１９７０年代から緊張緩和（デタント）が続いていたが、アフガニスタン侵攻を機に関係は一気に冷え込み、「新冷戦」と呼ばれる時代に突入する。１９８１年に超タカ派と呼ばれるロナルド・レーガンが大統領となり、ソ連を「悪の帝国」と悪《あ》し様《ざま》に批判。軍拡と対ソ強硬外交を展開するようになった。軍拡に関してレーガンが打ち出したのが「戦略防衛構想（スターウォーズ計画）」だ。これは、ソ連からの核攻撃に対する迎撃網を宇宙に配備するというものだった。

　レーガンが軍備増強に力を入れたのは、彼がハルマゲドン説を信じていたからだともいわれている。ハルマゲドン説とはキリスト教福音派が信じる考えで、地球規模の核戦争や自然災害、経済の恐慌など社会的な混乱が続いたあとにイエス・キリストが再臨するというものである。つまり、キリストの再臨には最終戦争（ハルマゲドン）が不可避で、核のボタンを押すことは神の御心に沿うものという考えにもつながっていく。無神論国家のソ連にしてみれば「何を血迷ったことを」ということになるだろうが、レーガンによるこうした軍備増強の動きには対抗せざるをえず、国内の経済はさらに疲弊していくことになる。

　１９８２年11月にブレジネフが死去し、ユーリ・アンドロポフが後を継ぐも、84年２月に亡くなった。その後継者となったコンスタンチン・チェルネンコも85年３月にこの世を去る。そして次の書記長に選出されたのが、ミハイル・セルゲイヴィチ・ゴルバチョフだ。当時のゴルバチョフは54歳、ソ連の最高指導者としては異例の若さで、その後「立て直し」を意味するペレストロイカを展開していくことになる。ちなみに、アフガニスタンからの撤退を決めたのもゴルバチョフだ。

　なお、ソ連のアフガニスタン侵攻に端を発した混乱は、同国において今も続いている。現在、アフガニスタンを支配しているのは、イスラーム過激派の武装勢力ターリバーン政権である。長引く内戦に国民は苦しめられ、近隣諸国に逃れた難民は300万人以上といわれる。また、国連の統計によると国民の97％が貧困ライン以下で暮らしているとされている。

米 2つの反米国家を結ぶ「イラン・コントラ事件」

1979年は、アメリカを揺さぶる2つの革命が成立した年だった。1つはイランにおける「イラン革命」。宗教指導者ホメイニの下、長年独裁政治を続けてきたパフレヴィー朝が倒れ、革命政権が誕生した。もう1つはニカラグアにおける「サンディニスタ革命（ニカラグア革命）」である。この革命でも、ソモサ一族によって長年続けられてきた独裁政治がサンディニスタ民族解放戦線（FSLN）によって終わりを迎えた。

この2つの革命に共通するのは、親米独裁政権が倒され、新しい政権が反米の立場を採ったことだ。アメリカにとっては味方だった政権が一気に2つ消滅し、代わりに敵対国が増えたことになる。

これはアメリカの威信の低下につながったが、そのタイミングで登場したのがレーガン大統領である。1981年に誕生したレーガン政権は「強いアメリカ」を標榜《ひょうぼう》して国の立て直しを図る。ソ連を意識した軍拡や、「レーガノミックス」と呼ばれる新自由主義路線の景気対策を意欲的に進めていった。このレーガノミックスは貧富の差の拡大を招いたが、富裕層からは歓迎された。

そんなレーガンの人気が高まりつつある1986年に発覚したのが、「イラン・コントラ事件」である。これは、アメリカが当時イラクと戦争していたイランに武器を売り、そこで得た資金をニカラグアの反政府ゲリラ組織コントラに供与していたという事件だ。1979年に成立した2つの革命がここで接点をもつことになる。

この事件で多くの人が戸惑うのは、「なぜアメリカはイランに武器を提供したのか？」ということだろう。ニカラグアの反米政権に歯向かうコントラに資金を提供するのは、「敵の敵は味方」という観点からも理解できる。だが、イランは反米の立場を採っており、イラン革命成立後の79年11月4日には首都テヘランのアメリカ大使館を占拠する事件を起こしている（これにより、アメリカはイランと断交）。いわばイランは「敵」なのだ。さらに、アメリカは当時イランと戦争中だったイラクを支援する立場にあった。

不可解にも見える行動の理由は、レバノンで人質となっていたアメリカ人を救出するためだったとされている。レバノンはキリスト教をはじめ、多くの宗教が混在する「宗教の博物館」とも呼ばれ、中東戦争によって難民が流入し始めた。とくに、パレスチナ解放機構（ＰＬＯ）が流入してから宗教間のバランスが崩れ、１９７５年から内戦となっていた（終結は90年）。

この間、イランの支援を受けたシーア派の過激組織ヒズボラ（「神の党」を意味する）によってアメリカ軍兵士が拘束された。そこでアメリカは、拘束された兵士を救出するためにイスラエル経由でイランに接触、イラクと戦っているイランに武器の提供を持ちかけたというのだ。一連の工作に関わったのは、当時のロバート・マクファーレン大統領補佐官、オリバー・ノース軍政部次長、ジョン・ポインデクスター国家安全保障担当補佐官の3人といわれている。

アメリカは表向きにはイランのことを「テロ支援国家」として糾弾しており、またコントラへの支援も議会において禁止されていたので、この工作は秘密裏に進められた。結局その後秘密は漏れてしまい、レーガン政権にとっての一大スキャンダルとなる。事件の焦《しょう》点《てん》はレーガン大統領が一連の工作を知っていたのかどうか、指示をしたのかどうかに絞《しぼ》られた。当初レーガンは指示も関与も否定していたが、最終的にイランへの武器供与に関して承認したことを認めている。このイラン・コントラ事件によってレーガンの人気は衰えを見せ始める。

ちなみにイラン革命については、アメリカだけでなく、ソ連もその動向に眉をひそめていた。無神論国家であるソ連にとって宗教指導者が国家元首となり、宗教に基づいた国家運営を行なう国の誕生は受け入れられることではなかった。しかし、イスラーム世界では国家は基本「宗教国家」なのである。

アフガニスタンがソ連による軍事侵攻を招いたのは、イラン革命の影響を受けてイスラーム復興の機運が高まったこともあり、その意味ではソ連がイランに軍事侵攻を行なう可能性もあったといえそうだ（少なくともイラン・イラク戦争時にはイラク側に武器を供与していた）。このイスラーム復興の動きが、冷戦体制崩壊後のイスラーム世界対欧米という対立構造につながっていく。

★ロ ペレストロイカ（立て直し）を加速した チョルノービリ（チェルノブイリ）原子力発電所事故

1985年3月、ゴルバチョフはソ連共産党の書記長に選出された。その2年前、彼はイギリスのマーガレット・サッチャー首相の招きに応じてロンドンを訪れている。サッチャーは当時の書記長チェルネンコの下にゴルバチョフという若い政治局員がいて、周囲から有望と評価されていることを知り、面談を希望したのだった。

面談を終えたサッチャーの胸に刻まれたのは、ゴルバチョフという人物への好印象だった。従来の共産党幹部と違って、イキイキと「自分の言葉」で語るゴルバチョフに、サッチャーは「次のソ連の指導者になってほしい」と願ったという。

ゴルバチョフはロシア南部のスターヴロポリという農業地帯に農民の子として生まれた。スターヴロポリ地方はスターリンの農業集団化と飢饉《ききん》による打撃を受け、ゴルバチョフの一族のなかにも犠牲になった人がいる。モスクワ国立大学法学部を出た彼は地元の機関に就職、ここでフルシチョフ改革を経験し、改革派の下地ができた。

ゴルバチョフといえば、「ペレストロイカ（立て直し）」の印象が強いが、その動きを加速させるきっかけとなったのが、1986年4月の「チョルノービリ（チェルノブイリ）原子力発電所事故」だ。この事故は典型的な原子炉の暴走事故で、核分裂反応が通常の100倍になったことにより炉心が吹き飛び、原子炉建屋をほぼ全壊させる大惨事となった。大量の放射性物質が上空に吹き上げられ、全ヨーロッパに広がっただけではなく、その一部は日本にまで届いた。ソ連当局は当初この事故のことを隠蔽しようとしたものの、すぐに露見し、全世界から非難を浴びることになった。

この事故をきっかけに、ゴルバチョフは情報公開と危機管理の重要性を認識し、改革政策を加速させることになる。「ペレストロイカは第二の革命である」と宣言したのもこの時期だ。

ペレストロイカを進めていくうえでポイントとなったのが、「グラスノスチ（情報公開）」である。保守官僚たちは情報を隠す体質があるため、ペレストロイカ推進の妨げになる。その弊害を取り除くためにテレビや新聞、雑誌などのメディアにソ連社会のありのままの姿を報道するように働きかけたのだった。それを受けてメディアは官僚たちの不正や腐敗といった社会問題を報じるようになり、また西側諸国の様子も歪曲《わいきょく》することなく伝えるようになった。

グラスノスチは言論・思想の自由へとつながり、ソ連社会からはしだいにタブーが消滅していくことになる。象徴的な例としては、イギリスの作家ジョージ・オーウェルの代表的なディストピア小説『１９８４年』が出版されたことが挙げられる。この作品はスターリン体制下のソ連をモデルにしたとされ、ソ連では長く発禁処分となっていた。また、宗教活動も全面的に自由となり、聖書やコーランが印刷されるようになった。ゴルバチョフは「歴史の空白を埋めよう」とも発言し、スターリン体制下でのさまざまな問題も論争のテーブルに乗るようになった。

経済面では、外国企業との合弁企業が認められ、消費財やレストランなどの共同組合も認められた。さらに、サービス業においては個人営業も公認された。国家以外にも経済の担い手が登場したことになる。
しかし保守派の抵抗もあり、経済政策はスムーズには進まなかった。国家の財源となっていた石油価格が下がったことも受けて、財源の逼迫《ひっぱく》から通貨を増刷した結果、インフレと物不足が生じてしまい、ゴルバチョフの人気は陰りを見せ始める。

ペレストロイカの先に待っていたのは「帝国の自壊」

１９８９年3月、人民代議員大会選挙が行なわれた。これはロシア革命以来の自由な選挙であり、複数の候補が議席を争った。こうした選挙もペレストロイカの政治改革の一環として実施されたのだが、民衆の自由化への期待が反映される形で共産党の敗北に終わった。この選挙では共産党を批判し、追放されていたボリス・エリツィンが当選している。また、同年12月にはマルタ会談によって冷戦が終わりを告げた。

１９９０年3月、共産党の国家に対する指導的役割を定めた憲法第6条が廃止される。同時に大統領制も導入され、初代大統領にはゴルバチョフが就任している。一方で、ロシア共和国でも91年7月にエリツィンが大統領に選ばれ、ソ連とロシアの二重権力状態によってソ連の地位は低下した。

ゴルバチョフは連邦構成国の独立を防ぐため、共和国の連合体に変えようとしたが、1991年8月19日、この動きに対して共産党保守派がクーデタを起こした。この日「ゴルバチョフ大統領が健康上の理由で執務不能になったので、ゲンナジー・イワノヴィッチ・ヤナーエフ副大統領が大統領代行に就任し、非常事態国家委員会が創設された」と発表された。

この動きはクーデタとして受け止められ、同時に「ゴルバチョフは殺された」と多くの人が考えた。しかし実際には、ゴルバチョフは休暇中のクリミア半島フォロスで軟禁状態に置かれていたのだった。ちなみに「ゴルバチョフは生きている」との情報をいち早く入手したのは監修者の佐藤優（当時は日本の在ロシア日本国大使館勤務）だった。

モスクワではソ連軍の戦車と集まった市民たちがにらみ合う光景も見られたが、エリツィンらの抵抗によってわずか3日で終息。結果として共産党は解散することになった。

共産党が実権を失ったことに呼応するかのように、ソ連を構成していた各共和国では国家としての主権を主張する国が出てきた。いち早く独立を宣言したのはバルト3国（エストニア、ラトヴィア、リトアニア）だった。

こうした動きの結果、1991年12月にロシア連邦とウクライナ、ベラルーシの3つの共和国が「独立国家共同体（ＣＩＳ）」の創設に合意。同月21日にソ連を構成していた12

カ国によって採択された「アルマ・アタ宣言」によりソ連は消滅することになった。

1989年、毎月「東欧革命」が起きていた

1989年の東ヨーロッパは、さながら「革命の定期便」といった様相を呈していた。毎月のように民主化への改革のニュースが全世界に届けられた。

1月から2月にかけてはハンガリーにおいて一党独裁が否定され、複数政党制が導入された。これは社会主義国では初めてのことだった。また、国境を維持するための経費の問題から、5月以降オーストリアとの国境に張り巡らせていた鉄条網を撤去し始める。ハンガリーの民主派は汎ヨーロッパ＝ピクニックを計画し、8月にブダペストの西方、オーストリアに近いショプロンで集会をもった。チェコとスロバキアを経由してこの会に参加した東ドイツの1千人ほどがオーストリア経由で西ドイツに脱出した。これをきっかけに、西ドイツに亡命しようとする人たちが大量に押し寄せることになった。このあとハンガリーは10月に民主政の共和国へと移行している。

ポーランドにおいては、2月から4月にかけて体制側と反体制側が同じテーブルに着いて政治運営のことを話し合う「円卓会議」が開かれている。6月には複数政党制による自

由選挙が実施され、レフ・ヴァウェンサ率いる政党「連帯」が圧勝した。

11月には「ベルリンの壁」が崩壊する。先に述べたハンガリーから西ドイツに脱出する人たちの勢いに呼応し、東ベルリン市民はベルリンの壁に殺到し、これを開放、さらに破壊した。ベルリンの壁は東西冷戦の象徴的存在でもあった。全世界に流れた崩壊を伝えるニュース映像は、多くの人々に新しい時代の到来を予感させた。

11月にチェコスロヴァキアで起こったのが「ビロード革命」だ。これは、かつて「プラハの春」を主導したドプチェクや反体制知識人であり劇作家でもあるヴァーツラフ・ハヴェルらが政権に就いて、民主化を成し遂げたものだ(ハヴェルは大統領になった)。わずか1カ月で共産党独裁政権が倒れ、民主化に移行。暴力も流血もなく、なめらかに政権交代が進んだことをビロードになぞらえ、「ビロード革命」と名付けられた。

同じく12月にはルーマニアで民衆が蜂起し、長く独裁政権の座に就いていたニコラエ・チャウシェスク大統領をその妻エレナとともに処刑した。チャウシェスクはゴルバチョフに対し、ペレストロイカを止めることを強く主張していたことでも知られている。

こうした動きの背景には、ゴルバチョフのペレストロイカがある。彼は従来の体制を見直していったが、その一環として東欧支配からも手を引いていった。東欧を支配するには、コメコンを通じて資源を安価に提供しなければならないほか、ソ連軍の駐留コストも相応

壁を破壊する西ベルリン市民。

の負担としてのしかかっていたのである。
かつて「プラハの春」をきっかけとしたチェコ事件で、当時の書記長ブレジネフは侵攻を正当化するために「制限主権論（ブレジネフ＝ドクトリン）」を主張したが、ゴルバチョフはこれを否定し「東欧各国は独自の道を進めばいい」との立場を採った。とあるソ連の高官はこれをアメリカのポピュラー歌手フランク・シナトラのヒットナンバー『マイウェイ』にからめて、「シナトラ＝ドクトリンだ」とジョークを飛ばしたという。つまりゴルバチョフは東欧諸国に対して「もうソ連は軍事介入しないから、どうぞ、自分の信じる道（マイウェイ）を」とメッセージを送ったのだった。

自由化を求めてもソ連がそれを潰しにかかってこないと知った東欧諸国の人々は、飛び上がらんばかりに喜んだ。そして自国の体制に「ノー」を突き付けた。それが１９８９年のドミノ倒しのような「革命ラッシュ」につながったというわけだ。そのフィナーレを飾る出来事が12月のマルタ会談（１６４ページ）となる。長くアメリカと対立していた無神論国家としてのソ連は、ここに敗北を迎えたことになる。

一方、東欧革命によって国内に混乱が生じたのが、ユーゴスラヴィア社会主義連邦共和国（旧ユーゴスラヴィア）である。もともとこの国はクロアティア、スロヴェニア、セルビア、モンテネグロ、マケドニア、ボスニア＝ヘルツェゴヴィナという6つの共和国からなり、７つの国家と国境を接しながら5つの民族、４つの言語、３つの宗教、２つの文字があるという複雑な構造の上に成り立っていた。

こうした多様性をもつ国をまとめ上げるには、大統領のティトーがもつ強力なリーダーシップが必要だった。しかし、１９８０年に彼が亡くなると、鬱積していた民族対立や宗教対立があちこちで勃発する。90年、それぞれの共和国において選挙が実施され、翌年にクロアティアとスロヴェニア、マケドニアが独立を宣言した。さらに92年にはボスニア＝ヘルツェゴヴィナも独立を果たした。

６つの共和国のうち４つが独立し、残りは２つ。１９９２年、その２カ国であるセルビアとモンテネグロが「ユーゴスラヴィア連邦共和国（新ユーゴ）」を結成した。この流れのなかで、いくつかの国において混乱が生じている。まずスロヴェニアだが、その独立をよしとしないユーゴスラヴィア連邦軍と戦闘状態に陥っている。クロアティアでも1995年まで内戦状態が続いた。

ボスニア＝ヘルツェゴヴィナではイスラーム教徒とクロアティア人、そしてセルビア人が激しく対立し、状況は複雑化。NATO軍がセルビア側に対して空爆を実施するという大きな争いにまで発展した（ボスニア紛争）。

1995年にボスニア紛争が終息を迎えた直後、今度はセルビア共和国内のコソヴォ自治州で武力衝突が起きた。コソヴォ自治州の住民がセルビアからの独立を求め、セルビア当局がそれを許さなかったことが武力衝突の原因だ。ここでもNATO軍はセルビア側に向けて空爆を行なった。この空爆は国連安保理の決議を得ていなかったが、当時のアメリカ大統領ビル・クリントンは「人道上やむをえない」という立場を強調した。この空爆が引き金になって多くの難民が生まれることになる。さらにロシア軍も派兵を行なうなど、大国を巻き込む紛争となった。最終的にコソヴォはアメリカの後押しを受けて独立を宣言するが、これを認めていない国も多い。セルビアと関係の深いロシアもその1つだ（セルビアとロシアはいずれもスラブ民族で正教を信仰しており、長年にわたって友好関係にある）。

東欧革命はこのようにスムーズに政権が代わった国々と、長く紛争が続く国々とに二分されたのだった。なお、東欧革命は「1989年に東欧諸国で起きた革命」に限定して捉える考え方や旧ユーゴ解体に伴う内戦まで含める考え方があるが、本項では後者の考えを採用した。

米ロ キューバ危機への反省から生じた核軍縮の動き

「今すぐアメリカに核ミサイルを撃ち込むべきだ。先制攻撃以外に我々を守る手段はない！」

1962年に起きたキューバ危機の際、キューバ元首のカストロはフルシチョフ第一書記に対してそう迫ったという。これはゴルバチョフが進めたグラスノスチ（情報公開）で公開された情報だが、キューバを巡って米ソが危うい状況に置かれていたことを生々しく伝えている。

歴史が示すようにこの危機は回避されたわけだが、このときの反省から米ソの間では平和共存志向が高まっていった。翌年1963年には、「キューバ危機のような事態がふたたび起きたときは、首脳同士ですぐに直接話せるようにしよう」とホワイトハウスとクレムリンの間にホットライン（直通電話）が設置された。

また同年8月には「部分的核実験停止条約（ＰＴＢＴ）」も調印された。この条約は、米ソ英３カ国の話し合いで、地下実験を除くすべての核実験の禁止を定めた。軍縮実現の第一歩とされ、日本を含む１００カ国以上が調印している。

１９６８年には、同じく米ソ英３カ国が「核拡散防止条約（ＮＰＴ）」の作成国となり１９７０年に発効。多くの国が締約し、現在ではその数は１９１カ国に上る（日本は１９７６年に締約）。この条約によって核兵器を保有できる国は、アメリカ、ソ連（ロシア）、イギリス、フランス、中国の５カ国に限定された（条約を締約していないインド、パキスタン、イスラエルおよび条約を脱退した北朝鮮は核兵器を保有している）。

１９７２年、アメリカとソ連の間で調印されたのが「第１次戦略兵器制限交渉（ＳＡＬＴ Ｉ）」だ。このＳＡＬＴ Ｉでは、大陸間弾道ミサイル（ＩＣＢＭ）や空中発射巡航ミサイル（ＡＬＣＭ）、これらを搭載する爆撃機などを互いに制限していくように取り決めた。モスクワを訪れたニクソンがブレジネフとともに調印。１９７９年、ＳＡＬＴⅡもカーターとブレジネフによって調印されたが、その年に起きたソ連によるアフガニスタン侵攻がきっかけで、85年に失効することになる。

さらに１９８７年には、中距離核戦力（ＩＮＦ）の全面廃止を定めた「中距離核戦力全廃条約」がレーガンとゴルバチョフにより締結される。1991年には「戦略兵器削減条約（START I）」を調印。この条約は戦略核兵器の削減を約束する史上初めての条約だった。このときのアメリカの大統領はジョージ・ブッシュ（父）、ソ連の大統領はゴルバチョフだった。

キューバ危機に端を発した軍縮への取り組みはこのように進められてきたわけだが、現在世界にはまだおよそ1万2000発の核兵器が存在している。その約90％を保有しているのはアメリカとロシアだ。

米ロ ヤルタに始まりマルタに終わった東西冷戦構造

1989年12月2日、地中海に浮かぶマルタ島沖にソ連の作家の名を冠したクルーズ客船「マクシム・ゴーリキー号」が停泊していた。同船には2人の重要人物が乗っており、膝を突き合わせながらこれからの世界のあり方について話し合っていた。その2人とは、アメリカのブッシュ（父）大統領とソ連のゴルバチョフ書記長だ。

1989年は東欧に革命の嵐が吹き荒れ、マルタ島沖での会談の1カ月前にはベルリンの壁が崩壊していた。ブッシュとゴルバチョフは東西冷戦の終わりについて話し合い、新しい時代の米ソ関係を対立から協調へ移行させていくことで合意した。米ソ首脳としては初となる共同記者会見に臨み、話し合いの結果を表明したのだった。

これが「マルタ会談」だ。冷戦に代わる新たな枠組みへの期待の下、「ヤルタからマルタへ」というキャッチフレーズも生まれた。

ヤルタとは、1945年2月にクリミア半島のヤルタで開催された首脳会議「ヤルタ会談」のこと。アメリカのローズヴェルト大統領、イギリスのチャーチル首相、ソ連のスターリン首相が参加し、第二次世界大戦後の処理について話し合いがもたれた。東西冷戦はここから始まったとされる。したがって、冷戦構造は「ヤルタに始まり、マルタに終わる」という言い方もできる。

冷戦終結の功労者とされるゴルバチョフがソ連邦共産党の書記長になったのは1985年。当時のアメリカの大統領はソ連嫌いで知られていたレーガンだった。レーガンは1981年の大統領就任以来、ソ連を「悪の帝国」と呼び、スターウォーズ計画に象徴される軍備の増強を図ってきた。このことでアメリカは膨大な軍事費を費やし、債権国から債務国に転じることになる。レーガンがハルマゲドン説を信じていたことは前述したが、何もかもがチャラになる最終戦争が起きるのだから、借金など気にする必要はないとの考えがあったのかもしれない。

そのレーガンのかたくなな心を開かせたのがゴルバチョフだ。1985年にジュネーブで、その翌年にはレイキャビクで会談を重ねながら信頼関係を深めていった。ジュネーブ会談時はレーガンの「もしアメリカが宇宙から攻撃を受けたら、あなたは我々を助けますか？」という問いに対して、ゴルバチョフは「当然です」と即答したという。

すでに触れたように、1987年にレーガンとゴルバチョフは中距離核戦力全廃条約を結んでいる。核兵器の廃止を最初に提案したのはゴルバチョフ側だった。こうしたゴルバチョフの姿勢に対し、アメリカをはじめとする西側諸国では、彼の進めるペレストロイカを応援するムードが育まれていく。当時は副大統領としてレーガンを支えていたブッシュも、ゴルバチョフに対しては一目置いていたようだ。このような米ソの歩み寄りも1つの要因としながら東欧革命が起き、やがては冷戦終結、そしてソ連解体につながった。

ちなみにソ連崩壊後、ロシアやウクライナに住んでいた多くのユダヤ人がイスラエルに移住している。その数は100万人規模ともいわれており、イスラエル国内での影響力は決して小さくない。2022年のロシア軍によるウクライナ侵攻に対して、イスラエルは中立的な立場を採っているが、それは国内のロシア系・ウクライナ系ユダヤ人への配慮ともいわれている（どちらに肩入れすることもできない）。

一方、ロシアは2023年10月に始まったイスラエル軍のガザ地区への武装作戦を非難している。さらには「中東の不安定を招いているのはアメリカだ」とも主張している。もっとも、こうした動きにはウクライナから世界の目を逸《そ》らそうとする思惑もある。そもそも四度にわたる中東戦争のうち、ソ連は第１次中東戦争を除いて反イスラエルのアラブ側支援に回り、状況の複雑化を招く当事者でもあった。

話を戻すと、ゴルバチョフは同じ１９８９年５月に中国を訪問し、国交を正常化させている。これを受けて中国でも東欧諸国と同じように民主化の動きが生まれたが、６月に中国当局が武力で鎮圧した。いわゆる「天安門事件」である。

２０２２年８月30日、ゴルバチョフが亡くなった。マルタ会談から33年後のことだった。ゴルバチョフの訃報に接して、世界の多くの指導者が彼の功績をたたえるコメントとともに哀悼の意を表した。だが、ロシア国内においては、ゴルバチョフに対する批判の声は少なくない。理由は「ソ連を壊した人物だから」というものだ。なお、マルタ会談の翌年、ゴルバチョフはノーベル平和賞を受賞している。

5章 新・帝国主義の台頭

――パックス・アメリカーナの終焉《しゅうえん》

✴ 聖書の記述に従って戦争を支持するアメリカ人

アメリカの政治とキリスト教の関係は密接だ。大統領就任式の宣誓では、聖書に左手を置き、職務を忠実に遂行することを神に誓う習慣がある。そんなアメリカの宗教人口は、約51％がキリスト教のプロテスタント、約24％がカトリック、残りの約25％は、イスラーム教や仏教といったそのほかの宗教、あるいは無宗教といわれる（２０２３年時点）。

プロテスタントは、16世紀に起こった宗教改革によってローマ・カトリック教会から分離し、ルター派、カルヴァン派、イギリス国教会（聖公会）、バプテスト派など数々の宗派に分かれている。しかし、その教義の根本的な特徴は同じで、ローマ教皇を頂点とするカトリック教会の権威を認めず、聖書を信仰の基礎に置いている。中世までの西欧では、聖書は古代の言語であるラテン語で書かれており、大多数の民衆は聖書を読めなかった。しかし、プロテスタント各派は、宗教改革の時期に普及した活版印刷を利用し、民衆にも読めるドイツ語や英語の聖書を広めた。

初期のアメリカ開拓を進めたのは、プロテスタントの一派でイギリスから移民したピューリタン（清教徒）だった。開拓が本格的に進んだ19世紀には、キリスト教徒が異教徒の先住民を征服することは、神が定めた「明白な天命（マニフェスト・デスティニー）」であるという考え方が広まる。この思想はほかの異教徒、あるいは無神論を唱える諸外国にも当てはめられ、20世紀にアメリカが孤立主義を脱して以降、ソ連、日本、中国、ベトナム、イラク、アフガニスタンといった諸国との対決にも正当性を与えた。

さて、現在のアメリカでプロテスタントの約半数を占める最大勢力は、「福音派」と称される。2023年の時点でアメリカの総人口は約3億3700万人、その4分の1から3分の1、およそ8000万人から1億人が福音派となる。福音派はプロテスタントのさまざまな宗派を内包するが、どのような教義かを端的にいえば、聖書で定められた生活習慣や歴史解釈を何より重視する聖書原理主義（根本主義）の傾向が強い。

このため、福音派は聖書で禁じられている同性愛や妊娠中絶に強く反対し、聖書に記された神による生命の創造を信奉するため、学校で進化論を教えることにも反対する。また、多くのキリスト教徒はユダヤ人（ユダヤ教徒）を敵視するが、『旧約聖書』においてパレスチナは神がユダヤ人に与えた土地とされているため、福音派は中東問題ではユダヤ人国家のイスラエルを支持する立場を採る。冷戦時代、多くの福音派信徒は無神論国家のソ連を『新約聖書』の「ヨハネの黙示録」に記されたキリストと敵対する獣と同一視し、ソ連との核戦争は黙示録で予言された聖戦であると解釈していた。このような人たちを「クリスチャン・シオニスト」と呼ぶ。

国土が広大で多数の人種、民族が混在するアメリカでは、宗教文化の差も大きい。初期に開拓が進んだニューヨークやボストンのような東部沿岸の大都市では、プロテスタントのなかでも聖書原理主義的な傾向が弱い宗派の信徒が多く、これは福音派との対比で主流派と呼ばれる。一方、メキシコと接するテキサス州やカリフォルニア州、フロリダ州の南部は中南米系の移民（ヒスパニック、あるいはラティーノ）が多いため、彼らが信仰するカトリック信徒の割合が高い。

これらに対し、福音派が大多数を占めるのは、ジョージア州、アラバマ州、ミシシッピ州など、おもに南部の州だ。南部一帯は、かつて黒人奴隷を利用した農園を中心に発展してきた地域で、1860年代に黒人奴隷制度の維持を巡って北部の連邦政府との間で南北戦争を起こし、現在まで保守的な価値観と連邦政府に対する反発心が根強い。1950年代以降、ノースカロライナ州出身の伝道師ビリー・グラハムが南部の諸州で福音派を広め、南部地域は「バイブル・ベルト」と呼ばれるようになる。

そして、1980年代にはソ連との対決姿勢を強調する共和党のレーガン大統領が、南部の福音派を支持基盤として取り込んだ。以降、南部の福音派は共和党の有力な票田となり、2016年にはドナルド・トランプを大統領に当選させた。トランプは娘婿がユダヤ人であることからイスラエルを熱烈に支持しているが、これは政策面で福音派の思想と一致している。今後も福音派の政治的な影響力は無視できないだろう。

ロ 東方正教圏のリーダーを自認するロシア人

一方、現在のロシアでは約53％がキリスト教のロシア正教を信仰し、約8％はイスラーム教、残りはほかの宗教あるいは無宗教とされる（2023年時点）。ロシア正教は、1054年にローマ教会（カトリック）と分離した東方正教の一派で、ブルガリア、セルビアなど東方正教圏には各国ごとに正教会があり、西欧とは異なる独自の文化圏を形成している。

中世における東方正教の中心は、ビザンツ帝国（東ローマ帝国）のコンスタンティノープル総主教だった。10世紀末には、現在のウクライナにあったキエフ公国が東方正教を受け入れ、東方正教は東欧のスラブ民族に広がっていった。

13～15世紀、ロシア、ウクライナの一帯はモンゴル人とトルコ系のイスラーム教徒（タタール人）によるキプチャク＝ハン国に支配された。「タタールのくびき」と呼ばれる期間である。ビザンツ帝国も、１４５３年にトルコ系のオスマン帝国に征服され、滅亡してしまう。ロシアの前身となるモスクワ大公国のイヴァン3世は、１４８０年、キプチャク＝ハン国を破って異教徒の支配を終わらせた。これに前後して、ビザンツ皇帝の親族を妃に迎えて、ビザンツ帝国の後継者を名乗り、「第2のローマ」と呼ばれたコンスタンティノープルに続いてモスクワを「第3のローマ」と称した。こうした歴史から、ロシアには東方正教圏・スラブ民族の指導者であるという自負がある。

時は流れ、旧ソ連時代になると政府は正教会を弾圧した。共産主義が無神論を唱えていたことに加え、正教会が皇帝や貴族ら旧来の権力と深く結び付き、民衆の精神を支配していたからだ。そして、正教に代わって共産主義をロシアの国家的な理念とし、同じく共産主義を掲げる諸外国との精神的な連帯を目指した。

ところが、1991年のソ連解体を機に、ロシア人は共産主義という精神的な支柱を失ってしまう。これはロシア人の自信喪失と政治的混乱を招いた。

そのような状況下、2000年に大統領に就任したウラジーミル・プーチンは、ロシア正教を国家イデオロギーの中心に据える。ソ連崩壊直後には約20％だったロシア正教徒は急激に増加した。2001年にアメリカがアル＝カーイダをはじめとするイスラーム過激派との対テロ戦争に踏み切ると、プーチンはこれに同調するように振る舞いながら、チェチェン人など自国内の反政府的なイスラーム教徒への弾圧を激化させた。また、プーチンはＬＧＢＴへの批判的な姿勢を徹底し、ロシア国内のみならず西欧の極右からも支持されているが、反同性愛も伝統的なキリスト教の価値観に沿ったものだというのがロシア正教会の主張だ。

現在のロシア正教会のトップであるモスクワ総主教のキリルは、プーチンときわめて密接な関係で、旧ソ連時代、プーチンが属していた諜報《ちょうほう》機関ＫＧＢの協力者だった。2014年にロシアがウクライナのクリミア半島を占領すると、キリル総主教はこれを擁護した。それまでロシア正教会の傘下にあったウクライナ正教会では一部の信徒がこれに反発して、2018年にロシア正教会からの独立を宣言、コンスタンティノープル総主教によって承認され、新たにキーウ総主教庁が発足した。

キリル総主教はウクライナ正教会の独立を認めず、2022年2月にはロシア軍がウクライナに侵攻したことに「祝福」を与え、プーチンによるロシアの統治は神に定められたものだと述べている。プーチンは「ロシア正教会の分断は国家の解体につながる」と考えており、正教会への信仰は、ロシアがウクライナを含めた東方正教圏・スラブ民族諸国に対して支配的な態度を採ることの論拠となっている。

★米 3000名以上の死者・行方不明者を出した同時多発テロ

ニューヨーク市マンハッタンにそびえ立つ世界貿易センタービル（ワールドトレードセンター）は、南北2棟からなるツインタワーをもち、1973年の完成当時、世界一の高さを誇っていた。2001年9月11日、このツインタワーはハイジャックされた旅客機の衝突により倒壊する。いわゆる「9・11アメリカ同時多発テロ事件」である。

このテロ事件においてハイジャックされた旅客機は全部で4機。このうち世界貿易センタービルを標的にしたのが2機。残りの2機のうち1機はワシントンD・Cの国防総省（ペンタゴン）に突っ込み、もう1機はペンシルベニア州ピッツバーグ郊外に墜落した。全体の死者・被害者は3000名以上に上り、なかには24名の日本人も含まれている。

アメリカ政府は、このテロ事件の首謀者をイスラーム主義の国際テロ組織アル＝カーイダを率いるウサマ・ビン・ラーディンと断定。皮肉にもアル＝カーイダは、もともと1979年に起きたソ連によるアフガニスタン侵攻時、アメリカが後援し抵抗運動を繰り広げた集団だった。アメリカはビン・ラーディンをかくまっているとされたアフガニスタンに身柄の引き渡しを要求した。しかし、当時アフガニスタンを実効支配していたターリバーン政権はこれを拒否。アメリカは同年10月にアフガニスタンへの軍事侵攻を開始した。

このときのロシアの動きだが、テロの翌日にプーチン大統領はジョージ・ブッシュ（子）大統領との電話会談で、両国の関係強化とテロ対策の強化を目指す姿勢を強調した。また、アフガニスタンにおいてターリバーンに対抗する北部同盟に武器を提供、アメリカ軍の対アフガニスタン軍事行動への支持も表明している。

この当時プーチン大統領は、チェチェン人の分離独立派によるテロ問題を抱えており、アメリカをはじめとする各国から非難を受けていた（チェチェン人への攻撃が人権弾圧と捉えられていた）。しかし、テロ攻撃を受けたことでアメリカはテロリストとの戦いの重要性を実感することになる。その意味では、9・11アメリカ同時多発テロ事件はプーチン大統領にとって自国への非難を打ち消す絶好の機会になったともいえるだろう。

ちなみにターリバーンとは、アフガニスタンに興ったスンニ派過激組織で、アフガニスタンの宗教・政治・軍事勢力を指す。名は「学生たち」「求道者たち」に由来する。構成員はアフガニスタン最大民族のパシュトゥーンがほとんどで、アフガニスタンに隣接するパキスタンの難民キャンプで宗教教育、軍事訓練を受けた神学生が中心だ。

ここで出てくるパキスタンだが、1979年のソ連によるアフガニスタン侵攻と関わりがある。ソ連軍の侵攻によってアフガニスタンでは多くの難民が生まれ、隣国のパキスタンへと逃げて行った。パキスタン国内には難民キャンプができたのだか、ここでアフガニスタンの若者たちはキャンプ内につくられた神学校に通うこととなる。

この神学校をつくったのが、スンニ派のなかでも極端な解釈をする原理主義者のデオバンド派だった。彼らはアフガニスタンから逃れてきた若者たちに、その極端な考えを教え込んだ。そうした教育を受けた若者たちが母国アフガニスタンへ戻り、短期間で国土の大半を支配したのだった（その背後にはパキスタンによる資金・武器供与があったといわれている）。

軍事侵攻開始当時、ブッシュ大統領はこの戦いを「文明対野蛮」と位置付け、徹底した対テロ戦争を実行することを宣言する。アメリカ国民の間では一気に愛国心が高まり、大多数がこの戦争に賛成した。ちなみに、このときブッシュ大統領は「これからはテロと十字軍との戦いだ！」とも口にして、周囲を青ざめさせている。そして「すぐに撤回しなさい」と諫《いさ》められ、慌ててその言葉を取り消した。

「十字軍」とは中世ヨーロッパに起きたキリスト教徒によるイスラーム教徒への軍事行動である。その目的は聖地エルサレムの奪還で、イスラーム教徒を対象に大量の殺戮を行なった（そこにはユダヤ教徒も含まれる）。イスラーム教徒にとって、「十字軍」という言葉は身の毛もよだつ不吉な響きをもっている。十字軍という言葉を出すと、すべてのイスラーム教徒を敵に回すことになるのだ（テロ活動に手を染める過激なイスラーム教徒は全体のごく一部でしかない）。

アフガニスタンに侵攻したアメリカ軍は、約2カ月でターリバーン政権を崩壊させたものの、当初の目的だったビン・ラーディンの捕獲には失敗している。また、擁立した新政権もなかなか安定せず、アフガニスタン国内での内戦状態が続くことになる。

なお、政権が崩壊するほどの攻撃を受けてもターリバーンがビン・ラーディンの身柄を引き渡さなかった理由として、アフガニスタンには「客人として迎え入れた相手は命に代えても守る」という伝統があったためだ。ビン・ラーディンがそこまで丁重に扱われたのは、かつてアフガニスタンに侵攻したソ連軍に対して、ともに戦ってくれたムジャーヒディーン（ジハード戦士）だったからだ。それに加えて、ビン・ラーディンはサウジアラビアの大富豪の家の生まれだったので、ターリバーンに巨額の資金援助をしていたという現実的な事情もある。さまざまな意味でターリバーンにとってビン・ラーディンはありがたい存在だったのだ。

ターリバーン政権崩壊後はアメリカをはじめ、各国が軍を駐留させ、資金援助を行なうなどしてターリバーンとの決別を支援し続けたが、ターリバーンは復興する。2021年8月30日にはアメリカのバイデン政権がアフガニスタンからの撤退を完了し、ターリバーン政権が「全土制圧」を宣言している。

肝心のビン・ラーディンだが、9・11アメリカ同時多発テロ事件の約10年後となる2011年5月に、アメリカ軍の特殊部隊によってパキスタンのイスラマバードから北東のアボッターバードで殺害された。裁判も何もなく、問答無用の殺害だった。

アフガニスタン侵攻後の2003年3月、アメリカ軍はイギリス軍などとともにイラクに対して攻撃を開始した。これは「イラク戦争」と呼ばれる戦いだが、攻撃に際してブッシュ（子）大統領は「イラクのサダム・フセイン政権が大量破壊兵器を開発し、アル＝カーイダとも手を結んでいる」と主張した。イラクはテロ国家であり、攻撃の対象となるという言い分だった。

しかし、このイラク戦争は「忘れ物を取りに戻ってきた戦争」という側面ももっている。その忘れ物とは「フセイン政権の打倒」だ。1990年8月、イラクは隣国のクウェートに突然攻め入った。イラクはイラン・イラク戦争（1980〜88年）に膨大な戦費を使い、クウェートに対しても多くの負債を抱えていた。そこで石油大国クウェートを抑え込み、石油利権を手にしようとしたのだ。このときのイラクの権力者がフセインだった。

なお、このとき国連はイラクに対してクウェートからの撤退を勧告するが、フセイン大統領は「イスラエルも同じようなことをしているではないか。イスラエルがパレスチナから出て行くなら我々もそうしよう」と答えてパレスチナの人たちを喜ばせている（イスラエルはガザ地区とヨルダン川西岸地区を国連から許された以上に不法に占領しており、2023年10月から始まった紛争もそれが原因である）。

アメリカはイラクの侵攻にすばやく反応。当時のジョージ・ブッシュ（父）大統領の呼びかけによって多国籍軍が結成され、1991年1月、イラクを攻撃。翌2月にはイラクが負けを認めてクウェートは解放された。これが「湾岸戦争」だ。ブッシュ（父）大統領はこのとき、フセインを倒すことなく戦争を終結させる。これはアメリカ国内のタカ派たちにとって不満のタネとなり、長くくすぶる鬱憤となった。

2003年のイラク開戦を強く推したのは、ディック・チェイニー副大統領やドナルド・

ラムズフェルド国防長官らだった。「新保守主義（ネオコン）」と呼ばれる彼らは湾岸戦争時、ブッシュ（父）政権の要職にあった。イラク戦争は彼らが当時の不満を解消しようとした、つまりは「忘れ物」を取りに戻ってきたことで起こったのである。実際、イラクで大量破壊兵器は見つからず、アル＝カーイダとも手を結んでいなかったことがのちに判明する（手を結んでいるどころか、フセイン大統領はアル＝カーイダを嫌悪しておりイラク国内に入れないようにしていた）。フセイン政権はアメリカの攻撃により2カ月で倒れたが、その後イラク国内では混乱が広がり、宗派対立の激化や過激派組織「ＩＳＩＬ（イスラーム国）」の台頭を招くことになる。

１９８９年に東西冷戦は終わりを告げたが、アメリカはまた新たな「敵」と対峙《たいじ》することになったのである。この敵は国家ではないぶん、対応もより難しくなっているといえる。その一例として、アメリカ国内において、アラブ系の人々へのヘイトクライムが増加したことが挙げられる。多くのアメリカ人には「アラブ系はイスラーム教徒」という先入観があるため、「敵は遠いよその国ではなく、国内の身近なところにいる」という恐怖を覚えるようになった。また、２００１年10月に「愛国者法」が制定され、国家権力によるアラブ系の人々への人権侵害も増えた。ちなみに、アメリカにおけるイスラーム教徒の数は全体の１％弱でしかない。

米ロ

ロシアはNATOに加盟するかもしれなかった

NATOへの加盟を求めるウクライナに対して軍事侵攻を行なっているロシアの姿をリアルタイムで目にしている現代人からすれば隔世の感があるが、2000年の大統領就任時のプーチン大統領はNATOとの協力体制の構築に努めていた。とくに9・11アメリカ同時多発テロ事件のあとはその傾向が強く、2002年5月には「NATO・ロシア理事会」を設立したほどだ。これはNATOに関してロシアが一定の意思決定に参加し、共通の関心分野（テロとの戦いや危機管理、大量破壊兵器とその運搬手段の不拡散など）において、対等のパートナーとして行動するというものだった。

それに先駆けてNATOが1994年に提案した「平和のためのパートナーシップ（PfP）」にもロシアは調印している（当時の大統領はエリツィン）。このPfPはNATOが東欧諸国と個別に協定を結ぶという枠組みで、そのきっかけは、東西冷戦の終わりとともに迎えた1991年のワルシャワ条約機構解体にある。新たな安全保障体制を必要としたかつての加盟国が、今度はNATOに加わることを望んだのだった。ロシアは自国の孤立につながるとして、一連の動きを警戒した。そこでアメリカが一種の妥協案として考え出したのがPfPだ。イメージとしては、NATO加盟国が「正会員」で、PfP調印国は「準会員」といったところだ。

当初ロシアはPfPにも難色を示したが、結局はここに加わっている（将来的にはNATOに加盟する目算もあったようだ）。PfPに調印したのは19カ国。アイルランドやスウェーデン、オーストリア、スイスなど、ワルシャワ条約機構加盟国以外の国々も加わっている。

ロシアが東欧諸国のNATO加盟に反対したのは、自国の孤立化に加えて、軍事的脅威が接近してくることへの警戒感も大きかった。いくら冷戦が終わったとはいえ、この前まで「仲間」だった国々が、この前まで「敵」だった国々に付くという状況は、やはり落ち着かないものだろう。

それでなくてもロシアは他国からの軍事的な脅威には非常にナーバスになるという精神構造をもっている。その理由の1つとしては、第二次世界大戦中にドイツから攻め込まれて2000万人以上の戦死者を出したという経験をしていることが挙げられるだろう（当時はソ連）。第二次世界大戦のなかでも激戦中の激戦といわれたこの「独ソ戦」はロシアにトラウマを植えつけ、独特の安全保障の考え方を育んだ。それが自国の周辺に味方を置き、他国の侵略を防ぐというやり方だった。いうならばポーランドやチェコ、ハンガリーなどを「バッファー（緩衝地帯）」として自国を守っていたのだ。しかし1999年、あろうことか、かつてワルシャワ条約機構に加盟してバッファーとなっていたポーランド、チェコ、ハンガリーがNATOに加わった。これを「第1次東方拡大」という。

NATOの東方拡大を主導したのはアメリカだが、ロシアが反発することはわかっていたはずだ。なぜ東方拡大に舵《かじ》を切ったのか。1つには共産主義体制が崩壊したとはいえ、ロシアがふたたび超大国として復活する可能性は否めず、その脅威を旧東欧諸国が警戒したためだ。つまり、ロシアが復活してもNATOに加わっていれば安全保障の点から見ても安心だという思いがあったわけで、アメリカはその期待に応えようとしたことになる。アメリカにとっては自国の影響力が高まることにもなり、またヨーロッパで戦争が起きない枠組みが広がれば、アメリカ自身の安全にもつながる。さらにいえば、冷戦の勝者として世界で唯一の超大国となった驕《おご》りがロシア軽視につながった。

この3カ国の加盟に対してロシアは難色を示したものの、強硬な態度に出ることもなく、結局は食い止めることができなかった。その前年、ロシアはデフォルト状態につながる財政危機を迎えるなど、市場主義経済へ移行する過程において混乱が生じており、それどころではなかったというのが実情だった。資本主義超大国のアメリカにとって、経済的な足腰の弱さを見せるロシアは、さらに侮ってもいい存在と映ったのかもしれない（しかしこ

NATO加盟国の推移

1949年	12カ国	ベルギー、カナダ、デンマーク、フランス、アイスランド、イタリア、ルクセンブルク、オランダ、ノルウェー、ポルトガル、英国、米国で発足
1952年	14カ国	ギリシア、トルコ加盟
1955年	15カ国	西ドイツ加盟
1982年	16カ国	スペインが加盟
1990年	16カ国	東西ドイツ統一に伴って、統一ドイツとして加盟国に
1999年	19カ国	チェコ、ポーランド、ハンガリーが旧共産圏諸国として初めて加盟
2004年	26カ国	バルト3国(エストニア、ラトヴィア、リトアニア)、ブルガリア、ルーマニア、スロバキア、スロヴェニアが加盟
2009年	28カ国	アルバニア、クロアチアが加盟
2017年	29カ国	モンテネグロが加盟
2020年	30カ国	北マケドニアが加盟
2023年	31カ国	フィンランドが加盟

2024年にスウェーデンが加盟し、1949年から2024年までの間で32カ国がNATOに加盟した。

のあとロシアはプーチン政権の下、堅調な経済成長を遂げていく)。

さらに2004年、エストニア、ラトヴィア、リトアニア、スロヴァキア、スロヴェニア、ブルガリア、ルーマニアがNATOに加盟した(第2次東方拡大)。ここには旧ソ連を構成していた国々も含まれている。

その後、2009年にアルバニアとクロアチアが、17年にモンテネグロが、20年に北マケドニアが加盟するなどNATOの拡大は続き、23年には長年中立・軍事的非同盟の立場を採っていたフィンランド、および24年にスウェーデンもNATOに加盟した(ロシアのウクライナ軍事侵攻がきっかけ)。当初12カ国でスタートしたNATOは2024年3月現在32カ国まで膨らんでいる。

こうした動きに対し、当初はNATOに協力的だったプーチン大統領もしだいに態度を硬化させていく。「ソ連も崩壊し、ワルシャワ条約機構軍もないのになぜ東方拡大をするのか。誰に対抗しようとしているのか」と不満を述べたこともある。NATOの東方拡大が、ロシアによるウクライナへの軍事侵攻を招く一因になっているのは間違いのないことだ（実際に、アメリカの高名な国際政治学者であるジョン・ミアシャイマーは「ロシアのウクライナへの軍事侵攻はアメリカの責任だ」と主張している）。

ロ テロリストとの戦いがプーチン出世の足がかりに

プーチンは大統領に選ばれる前、1998年8月に、エリツィン大統領から首相に任命されているが、そのときの世界の反応は「プーチン？　誰それ？」という具合だった。そんな彼がロシア国民のハートをわしづかみにした出来事がある。それは、チェチェンの独立派たちに向けて放った、「我々はどこまでもテロリストを追跡する。（中略）便所にいても捕まえて、やつらをぶち殺してやる。それで問題は終わりだ」という会見での言葉だ。

当時モスクワではテロ事件が続発していて、市民たちはおびえながら日々を暮らしていた。そこに断固たる姿勢で力強い言葉を放つ政治家が現れた。こうしてプーチンは注目を集めたわけだが、その後、言葉どおりにチェチェンのテロリストたちと戦うことで人気を盤石のものとし、翌年の大統領就任につながる。プーチンにとって「チェチェン」は、出世の足がかりになったともいえる。

チェチェンは北カフカス地方にある共和国で、かつてはソ連の一部だった。住民の大半はイスラーム教徒だ。19世紀半ばにロシア帝国はこの地域を征服したが、チェチェン人たちはこれをよしとせず、ロシア人に対してずっと反感を抱いていた。1991年にソ連が崩壊すると独立を宣言するも、モスクワはこれを認めずチェチェン内では不満がくすぶっていた。

不満が爆発したのは1994年。チェチェンの独立を目指す武装グループが蜂起し、これに対して当時のエリツィン政権は軍事侵攻で抑えにかかる。ロシアはほかにも国内に少数民族を抱えていて、チェチェンから独立の動きが飛び火することを警戒したのだった。また、チェチェンには石油資源があり、石油のパイプラインが敷設されていることも影響した。ロシア軍の侵攻に対してチェチェン側は激しく抵抗したが、1996年8月には停戦合意の成立を見た。これを「第1次チェチェン紛争」という。

プーチンが登場するのは「第2次チェチェン紛争」が勃発した1999年、首相になっ

るテロ攻撃が行なわれていた。この時期、先述したようにモスクワではチェチェンの独立派たちによるテロ攻撃が行なわれていた。これに対してロシア軍は、チェチェン武装勢力の拠点を次々に攻撃、一般市民はその巻き添えを食って数十万人規模の難民が発生した。アメリカをはじめとする国々は人道的な観点からこれを非難したが、9・11アメリカ同時多発テロ事件によってその流れが一気に変わったことはすでに触れたとおりだ。

チェチェン人はイスラーム教徒が大半を占めているが、内実は一枚岩ではなかった。ロシアからの独立を唱える民族主義者と中東のアル＝カーイダにつながるイスラーム原理主義過激派に分かれ、過激派は北カフカス地域を拠点にイスラーム革命を世界中に輸出したいという考えがあり、基本的にチェチェンの独立はどうでもよかった。そのため両者は激しく対立していたのだった。

プーチンはこの対立を利用した。独立を目指す民族主義者とは対話による歩み寄りを図り、イスラーム原理主義過激派に対しては徹底的な武力弾圧（便所でぶち殺す！）を加えたのだった。

こうしたプーチンの姿勢に応えたのが、独立派の有力者アフマド・カディロフだった。カディロフは第1次チェチェン紛争のときはロシア軍と戦ったが、第2次になると「イスラーム原理主義過激派たちよりもプーチンのほうがまだマシだ」とモスクワに接近してきた。プーチンはこのカディロフをチェチェンの大統領に据えることで紛争を収めようとした。その後カディロフは２００４年に爆弾テロによって暗殺され、現在は次男のラムザン・カディロフが後継者となっている（カディロフは２０２２年に始まったウクライナ侵攻でもロシアに協力している）。

プーチン政権の武力弾圧に対して過激派はテロで対抗し、２００２年にはモスクワで劇場占拠事件を起こしている。ミュージカル上演中の劇場にテロリストたちが侵入し、観客を人質にした事件で、人質解放の条件はチェチェンの独立だった。しかし、プーチンがその要求を飲むことはなく、事件発生後４日目には特殊部隊が軍事用ガスを劇場内に注入したあとに突入、テロリストたちの制圧を図った。結果としてテロリストたちは全員が殺されたが、人質もまた１００人以上が亡くなっている。その死因はガスによる影響だった。

２００４年にはロシア・北オセチア共和国（南にはジョージアの南オセチアがある）のベスランで、学校がテロリストたちに占拠された。ここでもプーチンは強行突破を指示し、結果として３００人以上の死者が出た（うち半数は子どもたちだった）。当時のアメリカのブッシュ大統領は「ロシアのやったことは限度を超えている」と強く非難している。

その後もプーチンは強硬な姿勢を崩さず、チェチェンのカディロフ政権も強権的な弾圧を続けた。そして、テロリストたちを一掃したとして、２００９年に紛争終結を宣言した。

こうして第2次チェチェン紛争は終わりを告げたが、一部のチェチェン人たちの独立への思いは完全に絶たれたわけではない。

冷戦終結後から、アメリカとロシアはほぼ同じ時期に民族問題に直結したテロとの戦いに直面している。東西冷戦下のイデオロギー対立から民族問題へと対立の構図が移行したことを示す象徴的な出来事といえるかもしれない。そしてその対立がなおも続いていることは、2024年3月にモスクワ近郊のコンサートホールで起きた銃撃事件からも明らかだ。テロリストたちによるこの事件では100人以上の犠牲者が出ている。

ロ ジョージア侵攻でアメリカと自国内の独立派を牽制する

「プーチンもメドヴェージェフもモスクワにいないだと!? だったら攻めるのは今しかない！」

2008年8月7日、南オセチアへの軍事攻撃を命じたときのジョージア大統領ミハイル・サーカシビリの心情は、そのようなものだったに違いない。「ロシアの指導者が2人ともモスクワにいない今が千載一遇のチャンス」とばかりに、かねてより制圧すべき対象としていた南オセチア地域へ軍を向かわせたのだった。

のちに「南オセチア紛争」と呼ばれることになる事件の顚末《てんまつ》を先に明かせば、ジョージアは国内の2つの地域（南オセチアとアブハジア）を失う羽目になる。サーカシビリ大統領の判断は短慮だったという声は多い。

この紛争は「ジョージア＝ロシア紛争」とも呼ばれる。ロシア軍による侵攻があったからだが、ジョージアはもともとソ連の構成共和国の1つだった。ジョージアはロシアの南に位置し、一部が黒海に面している。19世紀にロシア帝国に併合され、20世紀には共和国としてソ連邦構成国となっている。1991年、ソ連の崩壊とともに独立し、初代大統領にはズヴィアド・ガムサフルディアが選ばれたが、翌年、反大統領派によるクーデタによってその座を追われ、代わりに最高指導者となったのがエドゥアルド・シェワルナゼだ。シェワルナゼはソ連時代にゴルバチョフから認められ、外務大臣に抜擢されたという経歴をもつ。ゴルバチョフとともにペレストロイカを推進した人物の1人で、ソ連崩壊後は出身地のジョージアに戻っていた。1995年にはジョージアの大統領となって親ロ派の政権を運営していたが、2003年に不正選挙疑惑がもち上がり、大統領を辞任（バラ革命）。

その後に就任したのがサーカシビリ大統領だ。アメリカで教育を受けた彼は親欧米派で、ロシアとは距離を置いたことが原因で両国の関係が悪化していった。これがジョージア侵攻の遠因ともなる。

シェワルナゼ政権時代、ジョージアはかつてのソ連のように官僚による不正が横行する体制が残っていた。サーカシビリ大統領はそうした体制を改めることに力を尽くし、ジョージアを「(ロシアの影響下から逃れた)ヨーロッパの国家」として立て直すことを目指していた。同時にアメリカとの関係強化にも努め、ジョージア軍はアメリカ軍の訓練を受けるようになったほどだ(諜報部門ではイスラエル軍の指導を受けるようにもなっている)。こうした動きをロシアが警戒しないはずはなく、ジョージアをなんとかこらしめようと画策していたと考えられる。

独立当初からジョージアは民族対立の火種を抱えており、その代表的な地域が南オセチアとアブハジアだった。南オセチアはジョージア北部にあり、ロシアと国境を接している。その北でロシア連邦に属するのが北オセチアだった。南北オセチアはもともと1つで、北部は1774年、南部は1801年にロシアに併合されたが、南部はジョージアの自治州としてソ連時代の1922年、スターリンによって分断される。これにより、ともにソ連の内部にあった地域が、ジョージアの独立によって完全に別の国になってしまった。そこで南オセチアではジョージアからの分離独立運動が高揚し、北オセチアとの一体化を目指すようになる。これはロシアに加わりたいという意思表明であり、1992年には国家としての独立を宣言している（国際的な承認は得られなかった）。またアブハジアも同じくジョージアからの独立を目指していた。

このような動きをジョージア政府が許すはずもなく、初代大統領のガムサフルディアの時代から武力による弾圧がされていた。しかし、ロシアはこの2つの地域の独立を裏で支援しており、ジョージア政権のなかでロシアに対する警戒感が高まっていた。

以上のような経緯があって、2008年8月7日、当時の大統領サーカシビリは南オセチアへの軍事攻撃を命じたのだった。この日、プーチン首相は北京オリンピックに出席のためモスクワを留守にしていた。一方のドミトリー・メドヴェージェフ大統領も休暇中でモスクワにはいなかった。

余談ながら、当時ロシアは「二頭体制（タンデム）」を採っていた。このときのロシアの憲法では大統領を2期8年以上続けることができなかったので、任期を満了することになっていたプーチンは大統領の座を明け渡す必要があった。そこでメドヴェージェフを大統領にし、自身は次の大統領選挙に出るために首相の座に就いたのだ。つまり最高権力者は大統領だが、実権はプーチンが握っていた。

ジョージア軍が南オセチアに侵攻した翌日、ロシアは大量の兵力を投入。あっという間にジョージア軍を追い出した。それどころか、返す刀でジョージアの首都トビリシ近くまで迫ってきた。またアブハジアでも同じように戦闘が起きた。

この迅速な対応はロシア側がジョージア側の動きを予測していたからであり、ジョージア軍が南オセチアに侵攻したのもロシア側が挑発したからだともいわれている。事態に驚いたサーカシビリ大統領は慌てて停戦を呼びかけるも、ロシア側はこれを拒否。トビリシの市民のなかには「ロシア軍が来たら何をされるかわからない」と脱出を試みる人が続出したという。

12日になって、メドヴェージェフ大統領は「我々の目的は達せられた」と唐突に軍事作戦を停止し、紛争は終わりを迎えた。8月7日のジョージア軍の攻撃開始から数えて、わずか5日間の出来事だった。

アメリカがロシアを非難したのは、停戦後の8月13日。ロシア軍の行動はジョージアに対する侵略にあたると主張した。また、ジョージアに向けて部隊を派遣することを検討しているとの声明も発表している。しかし結局のところそれ以上の争いは起きず、南オセチアとアブハジアは共和国として独立を宣言し、ロシアは8月26日にこれを承認した。西側諸国は両国の独立を認めておらず、日本も両地域の主権はジョージアにあるという立場を採っている。

しかし、プーチンにとってそんなことはどうでもいいことだった。「ロシアの行動に対してアメリカ（西側諸国）は強気な態度に出られなかった」という事実を国内外に示すことが重要だったといえる。また、その事実は民族問題に関連して、ロシアの影響下から離脱しようとする国々（アゼルバイジャンやアルメニア）や民族（チェチェンやタタール、チェルケスなど）への牽制《けんせい》にもなったのである。

ちなみに、ジョージアはかつて「グルジア」と呼ばれていた。今の呼称に変わったのは、この南オセチア紛争がきっかけだ。グルジアという響きはロシア語由来の発音なので「ジョージアと呼んでほしい」と各国に働きかけたのだった。日本がそれに応じたのは紛争から6年後の２０１４年のことだった。

米ロ

資本主義が暴走した果ての「リーマン・ショック」でアメリカもロシアも深傷を負った

プーチンがロシアの大統領に就任して以降、２０００年代のロシアは堅調に経済成長を遂げていた。その理由の１つとして原油価格の高騰が挙げられる（ロシアは原油産出国）。また外国資本の流入も増え続け、外貨準備高も増大していった。こうした経済成長はプーチン人気を押し上げる追い風ともなった。

その好景気にかげりが差したのは2008年8月。ロシア軍がジョージアに侵攻したことにより、ロシアに投資することの危うさ（カントリーリスク）が浮き彫りとなり、外国資本が流出し始めた。

翌9月にはアメリカ発の世界金融危機「リーマン・ショック」が起きた。アメリカの大手投資銀行リーマン・ブラザーズが総額約60兆円の負債を抱えて倒産したことをきっかけに世界中に金融危機の衝撃が広がったが、ロシアもその影響をダイレクトに受けている。株価とルーブルは急落、国内全体で信用収縮が広がり、金融機関も含めて経営困難に陥る企業が続出した。2009年のロシアの経済成長率はマイナス7・9パーセントと大幅なマイナス成長となっている。1929年の世界恐慌のときにはソ連はまったく影響を受けなかったが、資本主義国家へと体制を変えたあとは、そうもいかなかったのだ。

このような事態に対してロシア政府とロシア中央銀行は緊急金融対策を打ち出し、手始めに株式市場の安定化を図ることを目的に5000億ルーブルを市場に投入することを決めた。また、金融機関に対しては最大7000億ルーブルの無担保融資の供給や、ロシア中央銀行への預金準備率（金融機関の預金残高のうち、中央銀行への預け入れを義務付けられている比率で、これが引き下げられると資金の流動性が増す）の引き下げなどを行なっている。こうした支援総額は2008年のロシアの名目GDPのおよそ5％に相当した。

もちろんアメリカ自身も深傷《ふかで》を負っている。数多くの金融機関が破綻し、個人消費も大幅に低下、企業の設備投資もマイナスとなった。ちなみに日本もその影響を大きく受け、2009年3月10日、日経平均株価の終値はバブル後最安値の7054円を付けた。また、製造業を中心にして非正規社員の解雇が続出し、「派遣切り」「雇い止め」という言葉とともに社会問題化したのもこの頃だ。

リーマン・ショックは資本主義が暴走した結果起きたともいわれている。資本主義は利潤の獲得を第一の目的とした経済活動だが、これが行き過ぎると目先の利益のみを追求し、多少のリスクには目をつぶってしまうという弊害も生じる。投資ではなく投機的様相を帯びるといっていいだろう。リーマン・ショックの引き金となったサブプライムローンは、まさにその典型といったところだ。

サブプライムローンとは、金利が優遇（プライム）されていない住宅ローンのことで、信用力の低い人たちを対象とした高金利のローンのこと。通常は審査が通らない（ローンが組めない）人でも承認が下り、マイホームを購入することができた。こうしたハイリスクな金融商品が大手を振ってまかりとおったのも、資本主義の暴走によるものだ。世界を揺るがす金融危機がアメリカで起きたのは、唯一の超大国となったこの国への富の集中と、それによる同国の驕りがもたらしたものと考えられる。

このリーマン・ショックの3年後、2011年9月17日から、ニューヨークにある世界の金融の中心地ウォール街で「ウォール街を占拠せよ」を合言葉としたデモが起きる。デモのスローガンは「私たちは99%」。これはアメリカの富の多くを1%の富裕層が独占していることに抗議をするものだった。

資本主義では富をもつものはさらに富むという傾向がある。その結果、アメリカでは貧富の差が大きく開いていった。これはアメリカに限ることではなく、日本をはじめとする資本主義国家で起きている（起きていく）ことだといえるだろう。資本主義の暴走を止める手立ては今のところ見つかっておらず、世界の混迷は深まるばかりといっていい。

なお、ロシアは2015年1月に「ユーラシア経済連合」を発足させている。これはアメリカやEUに対抗するためにプーチンが考え出した経済同盟で、加盟国はロシア、ベラルーシ、アルメニア、カザフスタン、キルギスの5カ国。プーチンとしてはアメリカを中心に動く資本主義に楔《くさび》を打ちたいところだろうが、その影響力はまだまだ大きくはないといわざるをえないようだ。

米ロ 「ジャスミン革命」「アラブの春」から始まった内戦

２０１１年3月、シリア内戦が勃発した。この内戦は２０２４年を迎えた現在においても続いている。話は２０１０年12月にチュニジアで起きた「ジャスミン革命」から始めなければならない。ジャスミン革命は、チュニジアの一青年が体制に抗議するために焼身自殺を遂げたことがきっかけで広がった民主化運動だ。

青年の名は、モハメド・ブアジジ。当時26歳だった。彼は路上で青果を売って生活費を稼いでいたのだが、警官たちからたび重なる嫌がらせを受け、その抗議のための自殺だった。当時のチュニジアは若年層の失業率が30％を超え、若者たちの間で不満がくすぶっていた。その不満がブアジジ青年の自殺をきっかけとして爆発した形だ。イスラーム教では自殺は神の教えに背《そむ》くものとしてとくに戒められており、ブアジジ青年の行為はイスラーム世界に大きな衝撃を与えたのだった。

彼の死は中東の衛星放送局アルジャジーラやＳＮＳなどで拡散され、各地でデモが発生した。当局がこれを弾圧したところ、その様子もまた拡散され、騒ぎはさらに大きくなっていった。この動きは周辺諸国にも広がり、エジプトやリビア、イエメンといったアラブ諸国の政権が倒れる事態にまで発展する（いずれも長期独裁政権）。このうちリビアに関してはＮＡＴＯが空爆を行ない、リビア軍の解体にまで手を付けている。当初の目的ではリビア軍による攻撃から市民を守るという話だったが、それよりさらに踏み込んだ関わり方をしている。そのことで中東地域におけるＮＡＴＯの影響力が大きくなったことをロシアは警戒した。

こうした一連の動きは「アラブの春」と呼ばれた。これは１９６８年にチェコスロヴァキアで起きた改革運動「プラハの春」（１３９ページ）にちなんだ呼び名だ。プラハの春はソ連の軍事介入によって短命に終わったが、アラブの春もまた民主化を求める人々が望む結果には終わらなかった。エジプトやリビア、イエメンなどでは強権政治の復活や内戦が起こった。

なかでも、「21世紀最悪の人道危機」といわれているのがシリア内戦だ。これまでにシリアは１３００万人以上の難民を生み出している。内戦のきっかけは壁に反政府的な落書きをした少年たちの逮捕だった。これに対する抗議デモが広がり、やがて内戦へと発展していった。

アラブの春が起きたとき、シリアの政権を握っていたのはバッシャール・アル・アサド大統領だった。アサド政権は父親の代（１９７１年）から続いており、反政府感情が国内で醸成されていた。そこで反政府軍が生まれるわけだが、その主な構成人員はイスラームのスンニ派の人々だった。

なお、シーア派とスンニ派の違いだが、これはイスラーム教を始めたムハンマドの後継者をどう解釈するかの考え方によるものだ。ムハンマドの血縁関係にある者を重視するのがシーア派で、ムハンマドの残した言葉や慣習などを重視するのがスンニ派ということになる。

話を戻すと、シリア内戦が複雑化したのは、ここにイスラーム過激派のＩＳＩＬ（イスラーム国）が加わってきてからだ。ＩＳＩＬは内戦の混乱に乗じてシリア北部のラッカを支配した。このことによってアサド政権軍、反政府軍、ＩＳＩＬ勢力の三つ巴の戦いになっていったのである。アサド政権軍は反乱勢力に押され気味だったが、２０１５年になって長年の友好国であるロシアが介入し、アサド政権に味方をする形で反乱勢力に空爆を行ない、情勢を変化させた。アサド大統領の父親ハーフェズ・アル・アサドはかつてソ連でミグ戦闘機のパイロットとして軍事訓練を受けていた。この頃からシリアとソ連は仲がよかったのだ。リビアのケースのように、西側諸国の中東における影響力を拡大しないための介入だったと考えられている。

次にアメリカがシリア国内のクルド人勢力の支援に回り、ＩＳＩＬを弱体化させるために空爆を実施。ロシアも同じく（この場合はアサド政権を守るためだが）ＩＳＩＬに対して空爆を行ない、結果としてアサド政権軍、反政府軍、クルド人勢力という新たな構図が生まれたのだった。

ところがこのクルド人の台頭をよしとしないのがトルコだった。トルコは当初反政府軍を支援していたが（そのことでロシアとはにらみ合いになっていた）、クルド人が勢いを増してからはロシアとの関係改善に努めるようになった。

クルド人とは、イランやイラク、トルコ、シリアといった国々の国境山岳地帯（クルディスタン地方）に住む民族で、いま述べたそれぞれの国で少数民族として暮らしてきた。昔から他民族や他国家に支配されてきた歴史があるが、独自の国家をもちたいとの思いも抱いている。そのため、もしシリア国内でクルド人が影響力を有するようになれば、自国に住むクルド人と連携を図って独立運動を始めるかもしれないとトルコ側は警戒したのだった。なおクルド人の多くがイスラーム教徒のスンニ派に属する。

アサド大統領はイスラームのなかでもシーア派系のアラウィー派（シーア派の一分派。イスラーム教とキリスト教と土着宗教が混ざっている）に属している。これに関してシーア派のイランが影響力を高めるために支援に回り、イランと敵対しているイスラエルがシリアに空爆を実施するといったことも起きた。アメリカは当然イスラエルに味方している。

このようにシリア内戦においては、さまざまな国や勢力がそれぞれの思惑で戦いに加わってくるため、絡まり合った糸のように事態が複雑化し、なかなか停戦に至らないという事情がある。

なお、このシリア内戦では化学兵器のサリンが使用されたという報告がある。イギリスやフランス、アメリカの調査結果を受けて国連調査団が現地を調べたところ、実際に化学兵器が使われた痕跡が見つかった。だが、アサド政権軍が使ったのか反政府軍が使ったのかまでは特定されていない。

当時のオバマ米大統領は化学兵器の使用に関して「レッドライン（越えてはいけない一線）」とし、もし使用が認められたら軍事介入を行なうと宣言しており、2017年4月にはシリア空軍基地へミサイル攻撃を行なったが、本格的な参戦は見送り、次のトランプ政権では翌年12月にシリアからの撤兵を発表した。ロシアは2014年にクリミア半島を併合するが、その行為に踏み切ったのは、プーチン大統領がこのときのアメリカの対応を弱腰と判断したからだといわれている。

内戦をきっかけにシリアは世界から孤立していき、アラブ諸国と地域が構成する「アラブ連盟」から参加資格の停止を突き付けられた。サウジアラビアやアラブ首長国連邦などはシリアの反体制派の支持に回っていた。

しかし2023年5月、アラブ連盟は12年ぶりにシリアの復帰を認めると発表し、シリアもこれに応じた。その背景としては、内戦におけるアサド政権の勝利がほぼ確実視されており、この流れは変えようがないと周辺諸国が考えるようになったこと、このままではシリアに対するイランの影響力が大きくなっていくことへの懸念、関係改善によってアラブ地域の安定を図ろうとする思惑などが挙げられる。

アメリカはアラブ連盟の決断を非難している。また、シリア難民たちの間でも「これまでのアサド政権の行為を許すことと同じだ」として怒りの声が渦巻いているという。

ロ　クリミア半島の併合と独立国家の承認

2014年2月、ウクライナにおいて現役大統領のビクトル・ヤヌコビッチが行方《ゆくえ》不明になるという事態が発生した。彼は何者かにさらわれたわけではなく、みずから行方をくらましたのだ。

当時、ウクライナでは「マイダン革命」が進行していた。マイダンとはウクライナ語で「広場」を意味する言葉である。2013年11月から、ウクライナの首都キーウの中心部にある独立広場では市民によるデモ活動が始まっていたのだが（マイダン革命の名称はこの独立広場に由来する）、原因はヤヌコビッチ大統領が国民に約束していたEUとの自由貿易協定締結を延期したことにある。これは西側と距離を置くという意思表示だった。彼はまた、クリミアにおけるロシアの黒海艦隊の駐留延長も認めた。このことからわかるように、ヤヌコビッチは親ロ派だった。

こうした大統領の行為に対して、不満を覚えた民衆たちが反政府デモを組織。その活動がマイダン革命と呼ばれるようになり、一時は100万人規模に達するほどの激しいデモとなった。ウクライナ政府は治安部隊を出動させて鎮圧を図ろうとしたものの、民衆の怒りを抑えることはできず、多数の死傷者が出た。

2014年2月になっても騒動は収まらず、「もうどうしようもない」とばかりにヤヌコビッチは大統領としての職務を放棄し、ロシアに逃亡したのだった。これが現役大統領行方不明の顚末《てんまつ》である。こうした事態を受けて、ウクライナ議会はオレクサンドル・トゥルチノフを大統領代行に立てて新政権を樹立。それまでの親ロ派から一転して親欧米派の立場を採った。

このマイダン革命の成功にウクライナの全国民が拍手喝采を送った——わけではなかった。親欧米路線に抵抗を覚える国民も存在し、こうした状況がウクライナ情勢を複雑なものにしている。

ウクライナには「自分たちは広い意味ではロシア人だ」と考えている人々がいる。「ロシア人」という言葉には、狭義では現在のロシア人、広義ではベラルーシ人やウクライナ人も含んでいるというニュアンスがある。ウクライナのロシア人たちは、位置的にはロシアに近い東部や南部に多い。東部ではドンバス地方（ドネツク州とルガンスク州）、そして南部ではクリミア半島だ（クリミアはもともとロシアの領土だったが、1954年にフルシチョフが当時のウクライナ・ソビエト社会主義共和国に移管している）。この地域の人たちは日常的にロシア語を使っている。

一方で、「自分たちは決してロシア人ではない」と考える人たちもいる。こちらはウクライナ西部に多い。とくに最西部のガリツィア地方ではその意識が強い。この地域は歴史的に見ると、オーストリア・ハンガリー帝国（一般的にはハプスブルク帝国と呼ばれる）の領土であり、第一次世界大戦の敗北によって帝国が解体された1918年以降はポーランド領となっていた。ロシア領（ソ連領）になるのは第二次世界大戦後であり、また日常的にウクライナ語も使われていることもあって、ロシアに対する思い入れは皆無に等しかった。いや、それどころか、むしろ積極的に嫌っているとさえいってよいかもしれない。これから触れるクリミア半島併合のあと、ガリツィア地方の中心都市であるリヴィウではプーチンの顔を印刷したトイレットペーパーが人気商品になったという話もあるほどだ。

このウクライナにおける東南部と西部のロシアに対するスタンスの違いは、第二次世界大戦中の対ナチス・ドイツでも浮き彫りにされる。このときソ連兵としてナチス・ドイツと戦ったウクライナ人は約200万人。一方、ウクライナ西部の人たちはナチス・ドイツ

ウクライナ周辺地図
ベラルーシ
ロシア
ポーランド
キーウ
ガリツィア地方
ウクライナ
ルガンスク州
ドネツク州
ウクライナ東部の親ロ派支配地域
スロヴァキア
モルドヴァ
沿ドニエストル
ハンガリー
ルーマニア
セルビア
セヴァストポリ
クリミア半島
コソヴォ
黒海
ブルガリア
ジョージア
北マケドニア
ギリシア
アルメニア
トルコ
地中海
シリア

に協力してソ連軍と戦った。その数は約30万人と伝えられている。

また、東と西では信仰する宗教も異なる。ロシアに近い東部はロシア正教を信仰しているが、西部に関してはカトリックの影響が強い「ユニエイト教会」（イコン〈聖画像〉崇敬や下級聖職者の妻帯が認められるなどは正教会と同じだが、ローマ教皇の首位性と教義的にはフィオリクエ〈子からも〉を認める東方典礼カトリック教会）の信者が多い。こうした宗教の違いも対立に影を落としているのだ。

このような対立があることを踏まえたうえで、マイダン革命のその後を見てみると、東部と南部の親ロ派の人たち（広い意味でのロシア人）が親欧米政権に対し「冗談じゃない！」と反発したことも理解できる。ウクライナ共和国内における自治共和国としての地位を確保していたクリミア（１９９６年〜）は、ヤヌコビッチ政権崩壊後の暫定政権に対する親ロ派のデモが拡大するなどしたのち、２０１４年3月にはウクライナからの独立を問う住民投票を実施した。その結果、9割もの人々が独立を支持。それだけではなく、ロシアへの編入を望むという流れが生まれた。ロシアはこれを受け入れ、クリミア共和国として編入された（国際的には認められていない）。

この動きに対してアメリカ、ヨーロッパ諸国と日本などはロシアを非難し、住民投票の無効を訴えたものの、具体的な軍事介入にまでは至らなかった。なお、アメリカはこのクリミア併合以降、ウクライナに対して15億ドル以上の軍事支援を提供、その多くはウクライナ軍の近代化や兵士の訓練に費やされた。

同年春、ウクライナ東部のドンバス地方（ドネツク州とルガンスク州）の親ロ派武装勢力とウクライナ中央政府の間で紛争が起きる。こちらもウクライナからの独立を求めての動きだった。

この場合、マイダン革命ののちにウクライナ政府が「国家言語政策基本法」の廃止を決定したことが大きく影響しているといわれている。ウクライナでは公用語はウクライナ語と決められているが、普段からロシア語を使う地域に関しては第二公用語としてロシア語を使ってもいいとの決まりがあった。これが廃止されるとなると、公にはロシア語が使えなくなってしまう。ウクライナ語を使えない公務員や国営企業の社員は職を失うことにもなりかねず、そのため激しい反発が起きて市庁舎を占拠するなどの暴動に発展したのだった。

なお、ロシア語とウクライナ語は、日本語にたとえれば共通語と津軽弁のようなものだという。文法上大きな違いはないにせよ、共通語しか知らない人が津軽弁で会話をすることは難しい。言葉というものはアイデンティティに大きく関わってくるので非常に大きな問題である。

この国家言語政策基本法の廃止は、激しい反発に驚いたウクライナ政府によってすぐに撤回されたが、ウクライナ東南部の人々に政府に対する警戒感を与えてしまったのは大きな失策だったといえる。結果としてこれが引き金となり、ロシアから支援を受けた武装勢力がドンバス地方を押さえることにつながっていったのだった。その後、武装勢力はウクライナ東部の実効支配に至り、それぞれ「ドネツク人民共和国」「ルガンスク人民共和国」として独立国家の名乗りを上げたが、ウクライナ政府がこれを認めることはなく、紛争は続いた。

2014年9月、ベラルーシの首都ミンスクで停戦協定が結ばれた（第1次ミンスク合意）ものの、戦闘が止むことはなかった。翌2015年2月になってドイツのアンゲラ・メルケル首相が新たな和平計画を発表する。それを受けてロシアとウクライナ、欧州安全保障協力機構（OSCE）、ウクライナ東部を実効支配している武装勢力が停戦合意に署名した。これを「第2次ミンスク合意」という。

その後、2022年2月にプーチン大統領は両国の独立を承認し、平和維持を目的としてロシア軍を派遣した。その直後、ウクライナへの軍事侵攻が開始される。

ウクライナ東部には最先端の軍産複合体や宇宙関連企業があるのだが、これはソ連時代からモスクワが設置してきたものだ。もしウクライナが西側寄りになり、さらにはNAT

Oに加盟するという事態が起きれば、ロシアの軍事・宇宙産業に関する機密情報はすべて西側（とくにアメリカ）に流れてしまう。それもプーチン大統領が2つの「人民共和国」の独立を承認した理由の1つと考えられる。

ロ ウクライナを侵攻した2つの理由

2022年2月24日に始まる、ロシアによるウクライナ侵攻を振り返ってみる。この日、ロシアは隣国ウクライナに対して全面侵攻を開始した。当時、プーチン大統領は侵攻の理由を「ドネツク人民共和国とルガンスク人民共和国の住民をウクライナから守るため」としていた。ウクライナにとってドネツク・ルガンスクは自国の州だが、ロシアにとっては独立国。しかも親ロ派ということもあるため、ウクライナの脅威から守るというのが侵攻の口実だった。

プーチン大統領は「ウクライナを非ナチス化させ、ナチス支持者を一掃する」とも述べている。プーチン大統領が言うナチス支持者の中心にはウクライナのウォロディミル・ゼレンスキー大統領がいる。第二次世界大戦中、ウクライナにはステパン・バンデラという民族主義者がいた。バンデラは一時期ナチスに協力し、多くのウクライナ人とともにソ連軍と戦った。現在のウクライナにはこのバンデラを英雄視する人たちがいる（ゼレンスキー大統領もその1人）。ロシアにとっては、ナチスに協力したバンデラを崇拝する者はナチス主義者とイコールであり、排除の対象になるのだった（なお、バンデラはのちにナチスに裏切られて強制収容所に送られている）。

だが、プーチン大統領が侵攻を決めた最も大きな理由は、ウクライナがNATOへの加盟を望んでいる点にあるだろう。これはロシアにとって到底容認できることではない。すでに述べたように、プーチン大統領は西側の「東方拡大」には相当にナーバスで、自国に迫る脅威と捉えている（だが、皮肉にもウクライナ侵攻をきっかけに、それまで中立の立場を保っていたフィンランドとスウェーデンがNATOへの加盟を果たすことになった）。また、前項でも触れたように、ウクライナ東部にはソ連時代からの軍産複合体や宇宙関連企業があり、もしウクライナがNATOに加盟するということになれば、それらの施設がNATO加盟諸国のために使われることになる。ウクライナのNATO加盟はロシアにとっては「絶対にあってはならない事態」なのだ。

ウクライナに攻め入ったロシア軍は、首都キーウへ向けてスピーディーな進撃を見せた。ロシアとしては短期決戦でキーウを制圧する目算だったようだが、ウクライナ軍の激しい抵抗に遭い、戦いは長引くことになった。

アメリカをはじめとする西側諸国はウクライナに多額の支援をすると同時に、戦車や装甲車、対戦車ミサイル、対空ミサイル、ロケット弾といった兵器を多数供与している。また、ロシアに対してはエネルギー資源の輸入禁止や電子部品の輸出禁止、国際的な決済ネットワーク「国際銀行間通信協会（ＳＷＩＦＴ）」からロシアの特定の銀行を除外するなど、さまざまな経済制裁を行なっている。しかしそうした制裁に対してロシアは2年以上ももちこたえており、これは西側諸国にとっては計算外だったかもしれない。

ロシアがウクライナ侵攻に関して宗教的なキーワードを口にし始めたのは、戦いが始まって半年少したった頃からだ。２０２２年9月30日、プーチン大統領はウクライナ東部のドネツクとルガンスク、南部のザポリージャ、ヘルソンの4州を併合し、その調印式の場となったクレムリンで演説を行なった。そのなかで彼は「サタニズム（悪魔崇拝）」という言葉を使っている。

その言葉に至るまでの流れとしては、西側諸国がこれまでの歴史のなかで行なってきた非道な振る舞い（奴隷貿易やアメリカ先住民の虐殺、アヘン戦争、広島と長崎への原爆投下、ベトナム戦争など）を数え上げ、とくに同性愛について「このような人間の完全否定、信仰や伝統的価値観の転覆、自由の抑圧は、『逆さまの宗教』、純然たるサタニズム（悪魔崇拝）の特徴を帯びている」と決め付けている。

この時点から、プーチン大統領にとってウクライナを巡る戦いは「真実のキリスト教（ロシア正教）VS悪魔崇拝」という構図になった。

この「サタニズム」発言を受けて、ロシア正教会トップのキリル総主教はプーチン大統領のことを「チーフ（主席）エクソシスト」と呼んだ。エクソシストとは映画でもおなじみだが、悪魔祓《ばら》い師のことである。ロシア正教会にいわせれば、西側諸国という悪魔に取り憑《つ》かれたウクライナを救うのは、「エクソシスト・プーチン」ということなのだろう。

しかし、アメリカからすれば国際的なルールを無視して、他国を侵略し抑え付ける行為こそが、「悪魔の所業」といったところだろう。バイデン大統領の目にはプーチン大統領が悪魔として映るに違いない。

バイデンもプーチンも宗派は違うものの、どちらもキリスト教徒。悪魔と妥協することはありえない。その意味ではウクライナ侵攻を巡るアメリカとロシアの対立は、互いのトップのことを「自分を絶対的に正義だと信じている悪魔」と考えている国同士の戦いという見方もできる。それだけに双方が納得できる妥協点を見出すことが難しくなっている。

２０２４年3月、ロシアで大統領選挙が行なわれ、プーチン大統領が90％近い得票率によって当選した。ロシアの国営メディアはこれまでの大統領選挙としては過去最高の得票率と喧伝したが、アメリカは「フェアな選挙ではなかった」と首を振っている。

ともあれ、この当選によってプーチンは2030年まで大統領を務めることとなった。もし2030年の大統領選でも当選したら、さらに6年の任期を務めることになる（そのときプーチンは83歳になっている）。ロシアにとってはアメリカとの「長期戦」の準備は整ったといっていいだろう。

あとがき

東西冷戦の終結とソ連崩壊後、米国が唯一の世界の超大国となり、政治的には民主主義という価値観、経済的には新自由主義という勝者が総取りするルールが世界を30年も支配していた。このシステムに綻びが生じている。それを象徴するのが2022年のロシアによるウクライナ侵攻と23年10月7日のハマスによるイスラエルに対するテロ攻撃だ。

新しい時代には、新しい理論が必要になる。今まで無視、もしくは軽視されていた要素を吟味してみることで、新しい理論への道ぞなえができるのではないかと私は考えている。本書では、米国とロシアの国家戦略を意図された領域だけでなく、無意識の領域までも支配する西側と東側のキリスト教の差異に注目した。ただし、現下の政治家、軍人、官僚は米国でもロシアでも世俗化されているので、当事者は宗教によって動いているとは認識していないため、この問題を言語化するのは難しい。しかし、私は日本国家と日本人が生き残るためにこのアプローチが絶対に必要と考えるので、あえて「不可能の可能性」に挑むことにした。読み物としても類書にはない面白さ（そこにはかなりえげつない部分が含まれる）があると自負している。

本書を上梓するにあたっては、株式会社クリエイティブ・スイートの藪内健史氏と吉田暖氏にたいへんにお世話になりました。どうもありがとうございます。

2024年5月1日、曙橋（東京都新宿区）の自宅にて

――佐藤 優

米ロ対立史略年表

＊指導者欄の年は就任年。

米指導者	アメリカ	ロシア（ソ連）	露指導者
1901 セオドア・ローズヴェルト	1901 アメリカ社会党結成	1903 社会民主労働党がボリシェヴィキとメンシェヴィキに分裂	1894 ニコライ2世
1909 ハワード		1904・2 日露戦争開戦（〜05・9）	
1913 ウィルソン		1906 国家基本法発布、第一国会（ドゥーマ）開会	
	1914 第一次世界大戦おこる（〜1918・11）		
	1915・5 ルシタニア号事件		
	1917・4 ドイツに宣戦、連合軍の援助を開始	1917・3 二月（三月）革命によりロマノフ朝滅亡 ・11 十月（十一月）革命、平和についての布告発表 ・12 秘密警察設立	1917 レーニン
	1918・1 ウィルソンが「十四カ条の平和原則」発表 ・11 第一次世界大戦終わる	1918・3 ブレスト=リトフスク条約（対独講和） ・8 対ソ干渉戦争（〜22）	
	1919・1 パリ講和会議 ・6 ヴェルサイユ条約成立 ・9 共産党結成 ・11 国際連盟に参加の件が上院で否決される	1919・3 第3インターナショナル（コミンテルン）創立（〜43）	
1921 ハーディング		1922・4 ラパロ条約（独ソ間） ・12 ソヴィエト社会主義共和国連邦成立	
1923 クーリッジ	1924 独の賠償に関するドーズ案	1924・1 レーニン死去	1924 スターリン
1929 フーヴァー	1929・10 ウォール街の株式暴落、世界恐慌おこる	1928・10 第1次五カ年計画開始	
	1930・1 ロンドン軍縮会議（日・英・米・仏・伊）	1929・2 トロツキーの国外追放を決定	

1933 フランクリン・ローズヴェルト

1945 トルーマン

1933 ニューディール政策開始	1933・11 第2次五カ年計画開始
1933・11 米ソの国交樹立(米がソ連を承認)	
1935・8 中立法制定	1935・8 コミンテルン、第7回大会(人民戦線戦術採用)
	1936・12 スターリン憲法成立
	1939・5 ノモンハン事件 ・8 独ソ不可侵条約締結
1939・9 第二次世界大戦始まる	
1939 第二次世界大戦に対し中立を宣言 ・11 修正中立法(武器輸出解除)	1939・9 ポーランドへ侵入 ・11 フィンランドに宣戦し冬戦争はじまる、国際連盟から除名
1940 ローズヴェルトが米史上初の三選	1940・3 モスクワ講和条約 ・8 バルト3国を併合 ・8 トロツキーがメキシコで暗殺される
1941・1 ローズヴェルト「4つの自由」演説 ・3 武器貸与法成立 ・12 日本軍が真珠湾攻撃、太平洋戦争開戦	1941・4 日ソ中立条約 ・6 独ソ開戦、第二次フィンランド戦争(継続戦争)勃発(〜44・9)
1942・6 ミッドウェー海戦で勝利 ・8 「マンハッタン計画」開始	1942・9 原爆研究、本格的に開始
	1943・2 ソ軍、スターリングラードの独軍を潰滅 ・5 コミンテルン解散
1945・2 ヤルタ会談 ・4 ローズヴェルト急死 ・7 原子爆弾完成 ・8 広島・長崎に原爆投下	1945・2 ヤルタ会談 ・4 日ソ中立条約の継続を破棄 ・8 対日宣戦、中国東北地方・朝鮮に侵入
1945・8 第二次世界大戦終わる	
	1946・2 千島・樺太領有宣言
1947・3 トルーマン=ドクトリン ・6 マーシャル=プラン発表 ・7 国家安全保障法成立	1947・10 コミンフォルム結成を公表(ソ連圏の成立、〜56)
1949 北大西洋条約機構(NATO)発足	1948・4 ベルリン封鎖(〜49・5)
1950・6 朝鮮戦争始まる ・9 国内治安維持法(マッカラン法)成立、赤狩りはじまる	1949・1 経済相互援助会議(COMECON)結成 ・8 原爆実験に成功
1951・4 マッカーサー解任 ・9 対日平和条約・日米安全保障条約調印	

1953 アイゼンハワー
1961 ケネディ
1963 ジョンソン
1969 ニクソン
1974 フォード
1977 カーター
1981 レーガン

1953・6 ローゼンバーグ夫婦処刑　・7 朝鮮休戦協定成立
1958・7 NASA設立
1962・10 キューバ危機
1963・8 米ソ直通通信線(ホットライン)開通、部分的核実験停止条約(PTBT)調印
1963・11 ケネディ大統領暗殺
1964・8 北ベトナムとトンキン湾で交戦
1965・3 米空軍、北ベトナム爆撃(北爆)開始、南ベトナムに派兵
1968・3 ソンミ村虐殺事件
1969・7 宇宙船アポロ11号月面着陸、月面歩行に成功
1979・7 ニカラグアにサンディニスタ政権樹立(ニカラグア革命)
・11 イラン学生が米大使館占拠(イラン革命)
1985・11 米ソ首脳会談(ジュネーヴ)
1986 イラン・コントラ事件
1986・10 米ソ首脳会談(レイキャヴィク)、1987 中距離核戦力全廃条約締結

1953・3 スターリン首相死亡
1955・5 ワルシャワ条約機構調印
1956・2 スターリン批判(第20回党大会にて)
1957・10 人工衛星スプートニク1号打上げ成功
1961・4 有人人工衛星ボストーク1号成功　・6 ケネディとフルシチョフがウィーンで会談　・8 東西ベルリン境界封鎖(ベルリンの壁)
1964・10 フルシチョフ首相失脚
1968・5 ソ連、東欧諸国の自由化に警告
・8 ソ連軍と東欧諸国の軍がチェコスロヴァキアへ侵入
1979・12 ソ連軍、アフガニスタン侵攻
1980・7 モスクワオリンピック開催(米、西独、日本不参加)
1986・4 チョルノービリ原子力発電所事故

1953 マレンコフ首相、フルシチョフ第一書記
1964 ブレジネフ第一書記
1982 アンドロポフ第一書記
1984 チェルネンコ第一書記
1985 ゴルバチョフ第一書記

アメリカ大統領	アメリカ	ロシア(ソ連)	ロシア(ソ連)大統領
1989 ブッシュ(父)	1989・12 米ソ首脳マルタ会談、冷戦の終結を宣言	1989・2 ソ連軍、アフガニスタン撤退完了 ・3 初の複数候補、秘密投票制による人民代議員選挙 ・11 ベルリンの壁崩壊	
	1991・1 米軍主体の28カ国多国籍軍による湾岸戦争開始(〜・2)	1990・3 大統領制の導入、バルト3国独立宣言	1990 ゴルバチョフ大統領
	1991・7 戦略兵器削減条約(START I)調印	1991・7 ワルシャワ条約機構解散 ・8 クーデタ未遂事件、共産党解体 ・12 ソ連邦解体、ロシア連邦と独立国家共同体(CIS)誕生	1991 エリツィン大統領
1993 クリントン		1994・12 露軍、チェチェンに侵攻(第1次チェチェン紛争)	
		1999・8 第1次東方拡大、第2次チェチェン紛争	
2001 ブッシュ(子)	2001・9 対米同時多発テロおこる ・10 アフガニスタンへ軍事侵攻開始、愛国者法制定	2002・10 モスクワでチェチェン武装勢力による人質事件	2000 プーチン大統領
	2003・3 米英軍によるイラクへの攻撃開始	2004・9 北オセチアで武装勢力が学校占拠、犠牲者500人超	
		2008・8 露とジョージア、南オセチア自治州の独立を巡り軍事衝突	
2009 オバマ	2008・9 米、巨大証券・投資銀行リーマン・ブラザーズが破綻、世界的金融危機に(リーマン・ショック)		2008 メドヴェージェフ大統領
	2011・5 ビン・ラーディン容疑者をパキスタンで急襲し殺害 ・10 不況格差デモが全米に拡大	2014・3 クリミア自治共和国の編入を表明 ・9 第1次ミンスク合意	2012 プーチン大統領
2017 トランプ		2015 ユーラシア経済連合発足 ・2 第2次ミンスク合意	
2021 バイデン	2021 アフガニスタンから撤退を表明	2022・2 ロシア・ウクライナ戦争勃発 ・8 ゴルバチョフ死亡	

参考文献

有賀貞、大下尚一、志邨晃佑、平野孝 編『世界歴史大系 アメリカ史2 1877年~1992年』山川出版社
アンドレ・モロア、ルイ・アラゴン 著、河盛好蔵、小場瀬卓三 訳『東と西 アメリカとソ連の同時代史 第1巻 自由と革命』読売新聞社
アンドレ・モロア、ルイ・アラゴン 著、河盛好蔵、小場瀬卓三 訳『東と西 アメリカとソ連の同時代史 第6巻 現代と展望』読売新聞社
池上彰 著『高校生からわかるイスラム世界』集英社
石出法太、石出みどり 著『これならわかるアメリカの歴史Q&A』大月書店
五木寛之、佐藤優 著『異端の人間学』幻冬舎
伊東孝之、井内敏夫、中井和夫 編『ポーランド・ウクライナ・バルト史』山川出版社
猪木武徳、高橋進著『世界の歴史(29)冷戦と経済繁栄』中央公論新社
祝田秀全 監修、かみゆ歴史編集部 編『地政学×歴史で理由がわかる ロシア史 キエフ大公国からウクライナ侵攻まで』朝日新聞出版
上坂昇 著『宗教からアメリカ社会を知るための48章』明石書店
海野弘 著『スパイの世界史』文藝春秋
遠藤泰生、小田悠生 編著『はじめて学ぶアメリカの歴史と文化』ミネルヴァ書房
大木毅 著『独ソ戦 絶滅戦争の惨禍』岩波書店
カート・ジェントリー 著、吉田利子 訳『フーヴァー長官のファイル(上)』文藝春秋
川端香男里、佐藤経明、中村喜和、和田春樹、塩川伸明、栖原学、沼野充義 監修『【新版】ロシアを知る事典』平凡社
紀平英作編『アメリカ史(下)』山川出版社
木村靖二、岸本美緒、小松久男 編『もういちど読む 山川世界史PLUS ヨーロッパ・アメリカ編』山川出版社
木村靖二、岸本美緒、小松久男 編『詳説世界史研究』山川出版社
木村靖二、岸本美緒、小松久男 監修『詳説世界史図録 第4版』山川出版社
木村靖二、長沼秀世、柴宜弘著『世界の歴史(26)世界大戦と現代文化の開幕』中央公論新社
栗生沢猛夫 著『増補新装版 図説ロシアの歴史』河出書房新社
グレース・ハルセル 著、越智道雄 訳『核戦争を待望する人びと 聖書根本主義派潜入記』朝日新聞出版
黒川祐次 著『物語 ウクライナの歴史』中央公論新社
斎藤眞、金関寿夫、阿部斉、久保文明、亀井俊介、岡田泰男、荒このみ、須藤功 監修『アメリカを知る事典』平凡社
佐藤信、五味文彦、高埜利彦、鳥海靖 編『詳説日本史研究』山川出版社

佐藤優 著『甦る怪物 私のマルクス ロシア篇』文藝春秋
佐藤優 著『プーチンの野望』潮出版社
佐藤優 著『自壊する帝国』新潮社
猿谷要 著『検証 アメリカ500年の物語』平凡社
下斗米伸夫 著『増補改訂版 図説ソ連の歴史』河出書房新社
下斗米伸夫 編著『〈ヒストリー〉ロシアの歴史を知るための50章』明石書店
ジョン・アール・ヘインズ、ハーヴェイ・クレア 著、中西輝政 監修『ヴェノナ 解読されたソ連の暗号とスパイ活動』扶桑社
ジョン・ガンサー 著、内山敏 訳『天皇・FDR・マッカーサー 20世紀リーダーの大行進』集英社
関眞興 著『世界と日本がわかる 国ぐにの歴史 一冊でわかるアメリカ史』河出書房新社
田中陽兒、倉持俊一、和田春樹 編『世界歴史大系 ロシア史3 20世紀』山川出版社
ティム・ワイナー 著、藤田博司、山田侑平、佐藤信行 訳『CIA秘録(上)』文藝春秋
手嶋龍一、佐藤優 著『ウクライナ戦争の嘘 米露中北の打算・野望・本音』中央公論新社
富田虎男、鵜月裕典、佐藤円 編著『アメリカの歴史を知るための65章【第4版】』明石書店
中野耕太郎 著『20世紀アメリカの夢 世紀転換期から一九七〇年代』岩波書店
長谷川公昭 著『ファシスト群像』中央公論社
古川浩司 監修『「国境」で読み解く日本史』光文社
松本佐保 著『熱狂する「神の国」アメリカ 大統領とキリスト教』文藝春秋
的川泰宣 著『月をめざした二人の科学者 アポロとスプートニクの軌跡』中央公論新社
黛秋津 編、三浦清美、小山哲、青島陽子、村田優樹、鶴見太郎、池田嘉郎、浜由樹子、高橋沙奈美、松里公孝、山添博史 著『講義 ウクライナの歴史』山川出版社
宮本陽一郎 著『アトミック・メロドラマ 冷戦アメリカのドラマトゥルギー』彩流社
山崎啓明 著『盗まれた最高機密 原爆・スパイ戦の真実』NHK出版
山田風太郎 著『同日同刻』筑摩書房
油井大三郎、古田元夫著『世界の歴史(28)第二次世界大戦から米ソ対立へ』中央公論新社
油井大三郎 著『好戦の共和国アメリカ 戦争の記憶をたどる』岩波書店
R・H・ロービア 著、宮地健次郎 訳『マッカーシズム』岩波書店
ワークマンパブリッシング 著、千葉敏生 訳『アメリカの中学生が学んでいる14歳からの世界史』ダイヤモンド社
和田春樹 編『ロシア史(上・下)』山川出版社

監修
佐藤 優（さとう・まさる）
作家・元外務省主任分析官。1960年、東京都生まれ。同志社大学神学部卒、同志社大学大学院神学研究科修了（神学修士）。1985年に外務省入省。英国の陸軍語学学校でロシア語を学んだ後、モスクワの日本国大使館、東京の外務省国際情報局に勤務。2002年5月に鈴木宗男事件に連座し、東京地検特捜部に逮捕、起訴される。無罪を主張し、争うも2009年6月に執行猶予付き有罪が確定。2013年6月に執行猶予期間を満了し、刑の言い渡しが効力を失った。『国家の罠』『自壊する帝国』（ともに新潮社）、『甦る怪物 私のマルクス ロシア篇』（文藝春秋）など著書多数。

スタッフ
編集・DTP／株式会社クリエイティブ・スイート
編集協力／佐藤賢二、柚木崎寿久（オフィスゆきざき）
本文デザイン／伊藤礼二
装丁／小口翔平＋神田つぐみ（tobufune）

写真クレジット
【41ページ】「KKK」Niday Picture Library / Alamy Stock Photo
【137ページ】「枯葉剤の散布」Underwood Archives, Inc / Alamy Stock Photo
【159ページ】「ベルリンの壁の崩壊」F1online digitale Bildagentur GmbH / Alamy Stock Photo

米ロ対立100年史
2024年6月21日　第1刷発行

監　修　佐藤 優
発行人　関川 誠
発行所　株式会社宝島社
〒102-8388
東京都千代田区一番町25番地
電話：（編集）03-3239-0928
（営業）03-3234-4621
https://tkj.jp
印刷・製本　サンケイ総合印刷株式会社

ISBN 978-4-299-05221-6